·未来学校创新计划系列丛书·

未来教师的成长型思维养成法

丛书主编 王 素   本书主编 林丹华
丛书副主编 袁 野 李 佳   本书副主编
   本书参编

助你成为培养成长型思维的高手

机械工业出版社
CHINA MACHINE PRESS

这是中国教育科学研究院未来学校实验室为我国教师发展量身打造的一本真正符合教师需求的书，它从解决教师教育困境出发，帮助教师养成成长型思维，在培养学生的同时，教师自身也得到发展。本书共9章，第1和第2章系统地介绍了成长型思维背后的心理学和脑科学理论基础及相关的实证研究结果，第3章到第9章系统地介绍了成长型思维系列课程模块、单次成长型思维干预、成长型思维干预的评估、成长型思维理念指导下的师生沟通和家校沟通，以及成长型思维校园文化创设等内容。本书注重"理论性"和"实操性"的紧密结合，使教师能以"顶天立地"的视角看待和学习成长型思维的培养，从而建立起对成长型思维的整体性认知框架，实现学生成长型思维培养的真正落地。

扫描封面上的二维码，即可查看学习PPT，方便教师更好地使用本书。

图书在版编目（CIP）数据

未来教师的成长型思维养成法 / 林丹华主编．—北京：机械工业出版社，2022.5（2023.3 重印）
（未来学校创新计划系列丛书）
ISBN 978-7-111-70901-5

Ⅰ．①未… Ⅱ．①林… Ⅲ．①中小学—师资培养—研究 Ⅳ．① G635.12

中国版本图书馆 CIP 数据核字（2022）第 094998 号

机械工业出版社（北京市百万庄大街22号　邮政编码100037）
策划编辑：熊　铭　　　　　责任编辑：熊　铭　彭　婕　高亚威
责任校对：张亚楠　刘雅娜　责任印制：李　昂
北京联兴盛业印刷股份有限公司印刷
2023 年 3 月第 1 版第 2 次印刷
184mm×260mm · 11 印张 · 231 千字
标准书号：ISBN 978-7-111-70901-5
定价：59.00 元

电话服务　　　　　　　　　　网络服务
客服电话：010-88361066　　　机　工　官　网：www.cmpbook.com
　　　　　010-88379833　　　机　工　官　博：weibo.com/cmp1952
　　　　　010-68326294　　　金　书　网：www.golden-book.com
封底无防伪标均为盗版　　　　机工教育服务网：www.cmpedu.com

专家推荐

　　思维模式决定命运：如果我们认为智力是先天注定，那么整个世界就是由一个个考查我们智力的测试所组成；而如果我们相信所有的事情都离不开努力，那么这个世界就充满了帮助我们学习与成长的有趣挑战。是成为被动的应试者还是成为主动的挑战者，这中间差的就是成长型思维。爱尔兰诗人叶芝说："教育不是灌满一桶水，而是点燃一把火。"在这本书里，作为我国成长型思维理论研究和应用实践的领军者，林丹华教授将告诉你如何用成长型思维去点燃孩子们勇于挑战、渴望成功之火。

——清华大学基础科学讲席教授、清华大学心理学系系主任

刘嘉

　　面对不确定性日益增强的未来，人才的标准也在不断更新。成长比成功更重要，方法比成绩更持久，《未来教师的成长型思维养成法》应运而生。这是一本兼顾理论与实战的著作，令新教师茅塞顿开，让老教师重新获得支点。思维的成长性才是建立师生有效沟通的钥匙，也是开创家校共赢未来的价值支点。

——北京师范大学艺术与传媒学院教授、著名文化学者

于丹

随着社会发展，学生的心理世界越来越受到大家的关注。如何更好地引导学生健康成长，如何培养面向未来的学生，是我们所有教育工作者都要面对的问题。在此背景下，成长型思维走入我们一线教师的视野，并在班主任的班级管理和学科教学中起到了积极作用。林丹华教授主编的本书基于多年实践，对成长型思维从理论到实践给出了系统的阐述和指导，有理论，有方法，可迁移，可实践，是让教育工作者变得更专业的良师益友。

——北京市第四中学德育副校长

陈年年

Foreword 序言

在当今社会和学校教育中，一个必须认真思考的具有前瞻性的问题是：未来社会需要什么样的人才？如何才能让每一个人不断地与更好的自我相遇？显而易见的是，今天高速发展的社会需要的不是仅仅拥有好成绩的学生，而是拥有开阔、成长型的思维模式，能够不断地自我学习、自我超越、自我成长的人才，从而不仅拥有现在，更拥有未来。因此，懂得学习，尤其是终身学习、终身成长对每一个个体至关重要。但反思今天的教育，我们仍然看到很多的教育迷思。比如，"成绩比什么都重要""成绩不如别人就意味着我不如别人聪明""聪明的学生都不用努力""失败是很可怕的，失败意味着我无能"，等等，这些教育迷思让我们自我设限、自我束缚，将自己局限在"舒适区"中而不敢有更多的拓展和发展，由此也大大地限制了自己的眼界和发展的空间，从而故步自封。

成长型思维正是突破这一发展瓶颈和束缚、使每一个人都能得以与更好的自己相遇的重要"武器"。成长型思维最早源于心理学家对儿童在学习领域的习得性无助和失败归因的研究，之后又拓展到对成就目标和思维模式的探索，可以说，在过去的四五十年间，心理学家们通过在儿童、青少年中开展的大量的科学实证研究，有力地证明了成长型思维对每一个个体的学业成就和心理健康方面的重要意义和作用。2018 年，成长型思维作为学生发展的重要指标之一首次被纳入国际学生评估项目（PISA）中，结果发现成长型思维与学生的学习成绩、学习目标、自我效能感之间具有非常紧密的关系。可以这样说，如果人生是一场马拉松，拥有成长型思维的人不一定比别人的起跑线更靠前，但他们可以比别人跑得更远、跑得更稳。

概括而言，成长型思维具有 3 个突出的特征：①它是思维模式"家族"中的一个重要成员，内隐在每一个人的内心深处，甚至不为人们所觉察，但却对每个人如何看待智力和能力的发展变化、如何看待自己和他人的成长和进步产生着深远而重要的影响。②成长型思维对个体的学业成就和心理健康能起到"鱼和熊掌兼得"的作用。③没有人是绝对的固定型思维或绝对的成长型思维，思维模式不是固定不变的，成长型思维可培养、可提升。

大量的国内外研究发现，学校教育领域中的成长型思维培养具有非常重要的意义。本书正是为学校教育领域中如何培养和塑造成长型思维而撰写。具体而言，本书具有以下特点：

1. 强调成长型思维培养中理论性和可操作性的相辅相成

本书系统地介绍了成长型思维背后的心理学和脑科学理论基础及相关的实证研究结果，它植根于心理学和脑科学丰富的研究成果，具有坚实的学理基础，由此为读者完整呈现了成长型思维深厚的理论根基。同时，本书还非常注重具有可操作性的成长型思维的培养方法。本书的第 3 章到第 9 章系统地介绍了成长型思维系列课程模块、单次成长型思维干预、成长型思维理念指导下的师生沟通和家校沟通，以及成长型思维校园文化创设等内容。"理论性"

和"实操性"的紧密结合，使读者能以"顶天立地"的视角看待和学习成长型思维的培养，从而建立起对成长型思维的整体性认知框架，实现学生成长型思维培养的真正落地。

2. 本书中实操性的内容由扎实的应用研究成果转化而来

本书中实操性的内容均建立在扎实的、基于我国文化的应用实证研究基础之上。在过去的六七年间，我和我的团队扎根中国文化开展了系列应用实证研究，深入探索了我国文化下成长型思维的培养目标、培养内容和方式，并对干预效果进行了深入的分析。我们融合心理学、教育学和认知神经科学的前沿研究成果，聚焦学校教育与家庭教育领域，深入北京、深圳、河北、重庆、吉林、山西、安徽等地的中小学，培训当地的中小学教师，在学生中实施成长型思维主题的课程和活动，研发成长型家长培养方案，对家长开展深入的培训，并开展成长型校园环境创设的教育实验。我们还对所有在中小学开展的成长型思维提升项目的效果进行了科学、全面的评估，发现整体效果非常显著，学生、教师、学校管理者等均对项目工作予以了高度评价。我和我的团队成员还走进贵州、云南、陕西、四川、江西、新疆、青海等地，将成长型思维培训带给农村边远地区和贫困地区的教育工作者和留守儿童以及青少年，透过成长型思维开阔这些儿童、青少年的视野，提升他们的"志向"，助力他们走出属于自己的人生道路。目前我们已累计走进几十所中小学校园，将成长型思维的理念带给近千名教师、家长和教育工作者，惠及近万名中小学生。《教育家》《中小学管理》等报刊均深入介绍了我们的教育实践工作及成效。总之，本书中实操性的内容既转化自应用研究结果，又扎根于我国的文化和国情，对广大的中小学教育管理者和教师具有很强的借鉴和学习意义。

3. 突出成长型思维培养的系统性

成长型思维的培养是一个涵盖"个体—学校—家庭—社区"的系统工程，要真正提升每一个人的成长型思维，仅仅从个体（学生）层面进行培养是远远不够的，还需要从教师、学校管理者、家长等多个群体入手，培养具有成长型思维的教师、学校管理者和家长，创设具有成长型思维氛围的班级、校园和家庭。例如，一些实证研究表明，家长若能对孩子正面临的困难和失败给予具有成长型思维特点的反馈，则能积极地促进孩子学业成绩的提升。因此，只有个体、学校、家庭、社区乃至整个社会形成合力，才能建设起具有成长型思维的文化和氛围，滋养每一个正在成长中的年轻生命，让他们能在悦纳自我和他人的过程中不断地进步，始终朝着与更好的自我相遇的目标前进。

在这里，我要特别感谢北京市海淀区教育科学研究院李海燕老师，北京市东城区教育科学研究院朱虹研究员，以及北京师范大学三帆中学朝阳学校、深圳市龙岗区宝龙学校等学校的大力支持，让我们能在成长型思维培养的中国化上迈出坚实的第一步，并逐步结出丰硕的成果。

愿我们每一个学生、教师、家长、学校管理者都能成为拥有成长型思维的人，向着未来勇敢无惧地奔跑！

林丹华
2022 年春
于北京师范大学

Contents 目录

序 言
第1章 初识成长型思维 1
1.1 思维模式理论下的成长型思维 2
- 1.1.1 思维模式是什么 2
- 1.1.2 看待智力的思维模式——内隐智力观 3
- 1.1.3 我国学生成长型思维的发展现状 6

1.2 什么是成长型思维 7
- 1.2.1 正式认识成长型思维 7
- 1.2.2 成长型思维和固定型思维 7
- 1.2.3 思维模式不是一成不变的 9

1.3 成长型思维的价值和意义——鱼和熊掌兼得 10
- 1.3.1 成长型思维助力学生发展 10
- 1.3.2 教师的思维模式至关重要 13
- 1.3.3 成长型思维与心理健康——鱼和熊掌兼得 14

第2章 成长的大脑，成长的我们 18
2.1 成长型思维背后的脑科学 18
- 2.1.1 智力和能力真的可以提升吗 ... 18
- 2.1.2 大脑是怎么运作的 19
- 2.1.3 通过练习升级我们的大脑 20

2.2 成长型思维如何影响我们 21
- 2.2.1 成长型思维与固定型思维在生活中的表现 21
- 2.2.2 生活中的思维模式 24
- 2.2.3 成长型思维可以给每个人的生活带来不同 25

2.3 成长型思维从哪里来 25
- 2.3.1 第一阶段：对于儿童习得性无助和失败归因的研究 26
- 2.3.2 第二阶段：对于儿童成就目标的研究 27
- 2.3.3 第三阶段：思维模式的提出和发展 27

2.4 成长型思维的常见误解 29
- 2.4.1 将成长型思维浅显地理解为表扬努力 29
- 2.4.2 误认为成长型思维能让我们达成任何目标 30
- 2.4.3 误认为直接教授成长型思维的概念是效果最好的 30
- 2.4.4 误认为成长型思维是一种"心灵鸡汤" 30

2.4.5 仅强调成长型思维的积极作用，忽视学生的基本心理需要 31
2.4.6 误认为提升成长型思维的活动和材料对所有人同样有效 32
2.4.7 误认为只需提升学生的成长型思维即可，忽略成长型教育环境的建设 32

第 3 章 成长型思维系列课程——思维模块 34

3.1 思维模块简介 36
  3.1.1 思维模块由哪些部分组成 36
  3.1.2 成长型思维是否适合所有学生 36
  3.1.3 面对不同学龄的学生，应如何开展思维模块的课程 38
3.2 思维模块课程内容 39
  3.2.1 第 1 课 成长型思维的概念 39
  3.2.2 第 2 课 成长型思维与脑科学 43
  3.2.3 第 3 课 用成长型思维看待努力 47
  3.2.4 第 4 课 用成长型思维看待挫折 50
  3.2.5 第 5 课 用成长型思维看待挑战 53
  3.2.6 第 6 课 用成长型思维看待他人的成功 55
  3.2.7 第 7 课 用成长型思维看待他人的反馈和批评 58
3.3 教师反思 61
  3.3.1 反思问题 61
  3.3.2 反思工具 61

第 4 章 成长型思维系列课程——行动模块 63

4.1 行动模块简介 63
  4.1.1 行动模块由哪些部分组成 64
  4.1.2 为何用目标来引领成长型思维的行动 64
  4.1.3 为何将情绪也纳入行动模块 65
4.2 行动模块课程内容 66
  4.2.1 第 1 课 寻找长期目标 66
  4.2.2 第 2 课 制订短期目标 71
  4.2.3 第 3 课 坚持执行计划 74
  4.2.4 第 4 课 觉察、接纳并调节自己的情绪 77

第 5 章 成长型思维系列课程——资源模块 81

5.1 资源模块简介 81
  5.1.1 资源模块由哪些部分组成 81
  5.1.2 面对不同学龄的学生，应如何开展资源模块的课程 82
5.2 资源模块课程内容 83
  5.2.1 第 1 课 这就是我 83
  5.2.2 第 2 课 我和我的老师 86
  5.2.3 第 3 课 我的资源宝库 88
  5.2.4 第 4 课 强者的行为 90

第 6 章 "一次的力量"——单次成长型思维干预 93

6.1 单次成长型思维干预的简介 93
  6.1.1 提升学习动机、学业成绩的单次成长型思维干预 94
  6.1.2 提升心理健康的单次成长型思维干预 95

6.1.3 成长型思维项目组的国内干预实践 95
6.2 单次成长型思维干预的实施要点——天时、地利、人和 96
　6.2.1 抓住关键教育时机——天时 ... 97
　6.2.2 培育成长型思维的土壤——地利 99
　6.2.3 创造教学中的成长型思维体验——人和 102
6.3 单次成长型思维干预的内容设计 ... 104
　6.3.1 导入环节 106
　6.3.2 科普信息：成长型思维 106
　6.3.3 科普信息：挑战和失败 106
　6.3.4 反思任务：策略与计划 107
　6.3.5 写作任务：经验分享 107
　6.3.6 设计内容自查 108

第7章 成长型思维干预的评估 110

7.1 如何评估一个教育项目是否有效 ... 110
　7.1.1 什么是教育项目评估 110
　7.1.2 如何科学地实施评估 111
7.2 成长型思维项目评估方案与实施 ... 113
　7.2.1 评估方案 113
　7.2.2 过程评估 114
　7.2.3 结果评估 120

第8章 成长型思维理念指导下的沟通 124

8.1 成长型沟通的原则 125
　8.1.1 倾听＋反馈 125
　8.1.2 传递积极的非语言信息 127
　8.1.3 接纳、专注过程、聚焦解决 ... 128
8.2 成长型师生沟通 129
　8.2.1 表扬努力的过程，而不是聪明 130
　8.2.2 让批评带来更多成长 132
　8.2.3 其他典型场景下的成长型师生沟通 134
8.3 成长型思维理念下的家校沟通 ... 136
　8.3.1 家校沟通是教育中不可或缺的一环 136
　8.3.2 培养家长拥有成长型思维 136
　8.3.3 如何创造成长型思维的家校沟通机制 138

第9章 成长型思维校园文化创设 141

9.1 创立成长型思维的校园文化环境 ... 142
　9.1.1 成长型校园文化的作用机制 ... 142
　9.1.2 成长型校园文化包括哪些要素 142
　9.1.3 如何开展这些成长型校园文化创设活动 144
9.2 学校层面的成长型校园文化创设 144
　9.2.1 活动一　成长型思维文化墙 ... 144
　9.2.2 活动二　成长型思维征文大赛 146
　9.2.3 活动三　国旗下的讲话 147
　9.2.4 活动四　广播电台成长型思维栏目 147
9.3 年级层面的成长型校园文化创设 148
　9.3.1 活动一　"学长介绍经验"活动 148
　9.3.2 活动二　成长型思维黑板报评比 149

9.4 班级层面的成长型校园文化创设 150
    9.4.1 活动一 成长型班级约定 151
    9.4.2 活动二 成长型思维主题海报 152
    9.4.3 活动三 "成长之星"评选 ... 153

附录 成长型思维课例 155

  课例 1 厌学君就医记 155
  课例 2 激活备考时的成长型思维 157
  课例 3 "错误"放大镜 160

参考文献 164

Chapter 01
第 1 章　初识成长型思维

"横看成岭侧成峰，远近高低各不同"，就算是同一样事物，观察角度不同，人们也会有不同的看法，如图 1-1 所示。不仅如此，从不同的角度去看一件事物，每个人也会有不一样的收获：以"半杯水"的故事为例，假如桌上只有半杯水，有的人看见了很开心——"我还有半杯水"，但有的人见了会很伤心——"我只有半杯水了"。面对学习中的困难和挑战，有的学生能够把困难和挑战当作成长机会，越挫越勇，最终超越自我，获得成功，而有的学生认为困难和挑战是难以跨越的障碍，因而受到打击，一蹶不振；在提升学业水平上，有的教师会注重学生的学习能力，赞成"因材施教"，根据能力和兴趣进行分层教学，而有的教师则会更注重学生的发展潜力，赞成"有教无类"，构建多元化的教学模式；有的家长认为，为了让孩子有良好的习惯，家长要"以身作则"，而有的家长则认为，孩子良好习惯的培养，重在有效的亲子沟通和交流。以上这些，都是人们对事物（困难和挑战、提升学业水平、培养良好习惯）的不同解释，且这些解释会对随后的感受、想法和行为产生影响。

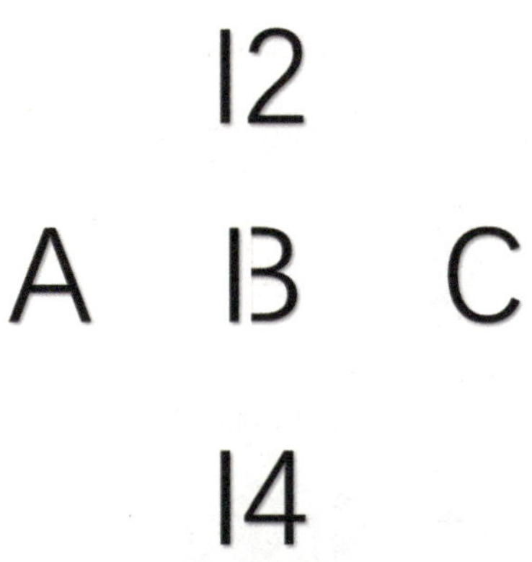

12

A　B　C

14

图 1-1　两可图：此图从左往右看和从上往下看，有什么不同

1.1 思维模式理论下的成长型思维

1.1.1 思维模式是什么

思维模式（mindset，或称心态）是人们头脑中的意义系统，用来解释自身、事物和其间的联系，它会影响人们在特定情况下的想法、感觉、行为——简而言之，思维模式帮助我们理解发生了什么，并且告诉我们应该做些什么。

面对一件事情时，首先，我们的思维模式会对事情做出解读：这件事对我是好还是坏？是固定不变的还是可以改变的？这些事情间到底有什么联系？这些都属于思维模式的范畴。存在于我们脑海中的这些思维模式无时无刻不在影响着我们看待自己、生活、他人和世界的方式。其次，思维模式还指导着我们接下来的行动方向。通常来说，我们的思维模式会直接影响我们看待事情的方式，进而影响我们的行动目标，再进一步决定我们选择什么样的行为。

思维模式有两个重要的特点：首先，即使面对同样的事物，持有不同思维模式的人也会出现不同的看法和反应。举个例子，面对不理想的考试分数，如果学生认为自己的考试成绩可以通过努力而提升，学生就倾向于坚持、努力，并寻找有效方法；而如果认为自己的考试成绩难以提升，学生可能就会放弃学习。其次，思维模式存在自证效应，能形成自发的循环。还是上面的例子，如果学生坚持、努力，并寻找有效方法，会更有可能在下一次取得理想成绩，也就会在之后更加相信考试成绩可以通过努力而提升；反之，如果学生放弃学习，自然更加难以取得理想的成绩，也就会更加相信考试成绩难以提升。

目前，心理学家们发现每个人都拥有很多不同的思维模式，如图1-2所示，关于智力、关于压力、关于人格、关于情绪、关于亲密关系等不同的思维模式，不仅让同样的世界在不同人看来大不相同，还会通过影响个体的选择，塑造人们不同的生活轨迹。

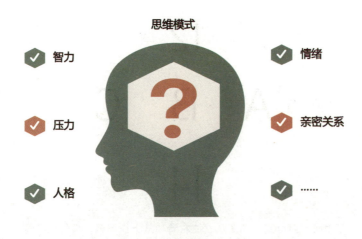

图1-2 思维模式"家族"

例如，智力内隐观（也就是成长型思维模式，我们后面会详细介绍）指的是人们对于聪明才智的看法，有的人认为聪明才智是先天确定、不可改变的，也有人认为聪明才智是可以通过后天努力得到提升的。在这两种截然不同的思路指导下，人们会对努力的意义有不同的看法，也会为自己设立不同的学习目标，还会在学业挑战和失败面前采用不同的应对策略，最终带来不同的学业表现。智力内隐观影响着每一个人对于成就的追求之旅，尤其对于学生的学业会有更大的影响。

压力是生活中最常见的话题：学生面临着考试和升学的压力，成年人面临着业绩和考核的压力，通常还同时面临着教养孩子和赡养老人的压力……如何感知压力、看待压力，决定了我们如何应对压力，也进一步影响着我们的生活质量和幸福感。斯坦福大学教授凯利·麦格尼格尔对3万人进行追踪研究后发现，那些持有成长型压力观，能够看到压力背后的成长机会，从而面对压力，而不是逃避的人，在应对压力方面也做得更好，他们更不容易被压力相关的疾病击中。耶鲁大学的研究者克拉姆等人也发现，即使在高压、高绩效要求，且面对裁员风险的工作环境下，持有成长型压力观，也会使人们的工作绩效和身心健康水平得到提升。

人格领域的思维模式是指人们对于性格的可变性、可塑性的看法。简而言之，就是人们更加相信"江山易改，禀性难移"的固定型人格观，还是更加相信"士别三日，刮目相看"的成长型人格观。研究发现，人格领域的思维模式有如下作用：持有成长型人格观的人，相信自己的社交能力可以提升，也可以主动改变自己和他人相处的模式，面对冲突时，他们的自尊水平更加稳定，敌意和攻击行为也更少，并倾向于采用主动、灵活、互利共赢的方式解决冲突。相反，持有固定型人格观的人，认为性格、习惯和社交能力难于改变，也会采用刻板的方式看待他人，当面对人际冲突时，持有固定型人格观的人要么认为自己的性格和社交能力有缺陷，要么认为对方才是错误的根源，倾向于陷入自我怀疑，或攻击他人，他们的自尊更加脆弱，且容易陷入非赢即输的零和心态，解决冲突的方式也往往较为僵化。

除此之外，在情绪、亲密关系、意志力等领域，均有相应的思维模式，影响着生活的不同方面。**由于本书主要聚焦学业场景，因此将主要阐述看待智力的思维模式。**

1.1.2 看待智力的思维模式——内隐智力观

人们看待智力的方式是思维模式的一种，我们将其称为"内隐智力观（implicit theory of intelligence）"。 内隐智力观这个词比较学术，我们可以把它拆开来理解。首先，可以先看它的主体——"观"，"观"是指观念，是人们在生活中形成的对事物的综合、朴素的认识，观念既有客观性，更有主观的色彩。其次，"内隐"是"外显"的反义词，是指这些观念往往难以在意识层面准确识别，但是在意识之外影响了想法和行为。最后，智力，也就是一个人的聪明才智，是这个观念的认识主体。本书介绍的"内隐智力观"，特指德韦克等人提出的、人们对于智力可变性的观念,而非其他学者提出的、有关人们对于智力内涵和结构的观念。由于"内隐智力观"的说法比较学术,德韦克等人将"内隐智力观"改称为"成长型思维",以帮助更多的人熟悉这一概念。

如图 1-3 所示,如果我们认为智力是一种先天确定、后天无法改变的属性,就叫作持有"固定型思维(fixed mindset)";相反,如果我们认为智力可以通过后天的努力得到提升,我们就拥有"成长型思维(growth mindset)"。

图 1-3　成长型思维和固定型思维

读到这里,你可能会问:"谁也不会天天把智力挂在嘴边,人对智力的观点有那么重要吗?"确实,对于大多数人而言,智力并不是一个每天都会讨论的话题,但这是否意味着智力观在生活中无足轻重呢?当然不是,智力是一个较为学术的概念,人们在日常生活中更多地会使用"聪明才智""是不是学习的料"以及"能力水平"等通俗化的方式来描述智力,并判断自己以及他人的智力、能力,乃至学业水平是否可以提升和改变。

如果人们认为自己的智力可以改变、能力可以提升、学业水平可以变得更好,人们就会对未来更加有希望和信心,也会相信努力的积极作用,并更愿意从挑战、失败、批评和他人的成功中学习和成长。相反,如果人们不相信学习和成长的潜力,一旦面对挑战、失败、批评和他人的成功等情境,就容易陷入自我怀疑,变得无助、懈怠、怨天尤人或是干脆放弃,以至于最终收到不利的结果。以下案例描述了思维模式在不同情境中的作用。

> **情境 1:挑战**
> 转学到新的高中后,小刘发现这里的同学"高手如云"。原来在班里,自己可以轻松获得前几名,但是在这里却只能名列中等。

持有固定型思维的小刘：小刘感到学习任务不仅很多很累，也没办法证明自己，学习越来越没意思……

持有成长型思维的小刘：小刘感到学习任务虽然很多很累，但是自己可以从周围同学那里学到很多，每天都在进步，学习非常有意思……

情境2：失败

同学们正在上数学课，数学教师提出了一个有难度的问题。小王第一时间高高举起了手，孙老师请小王起立回答，很遗憾，小王的回答不正确，但是很接近正确答案，孙老师让他坐下，深入思考一下再回答。

持有固定型思维的小王：小王觉得没有获得老师的夸奖，很泄气。在接下来的课程中，孙老师发现小王变得不积极，开始和周围学生说话，也不再回答课堂上的问题……

持有成长型思维的小王：小王很想把问题弄明白，深思熟虑了一番。在接下来的课程中，小王又举起了手，这一次他回答正确了……

情境3：努力

小郑平时喜欢唱歌，她一直想试着参加校园歌手大赛。

持有固定型思维的小郑：她总是觉得自己做不到，因为其他参赛的同学们水平都很高，自己即使努力也没用……

持有成长型思维的小郑：她觉得只要找到合适的练习方法，让声乐教师指点一下，再加上自己的努力，自己很有希望获得好名次……

情境4：批评

赵老师在办公室，采用比较委婉的方式，私下批评了一名考试作弊的同学，这名同学平时在赵老师的课上表现不错，成绩也很好，这次是第一次作弊，赵老师希望他在平时下功夫，而不是在考试时采用作弊的方式。

持有固定型思维的同学：这位同学觉得赵老师在针对他，因为当时也有其他同学作弊，但是他们没被抓到，他开始在赵老师的课程上变得不认真起来。

持有成长型思维的同学：这位同学向赵老师承认了错误，表达了好好学习的决心，在课程上的表现和之前一样积极。

情境5：他人成功

小李通过有效预习和复习，在一次英语考试中取得了很大的进步，老师在班上表扬了她，推荐同学们向小李学习有效预习、复习的方法。

持有固定型思维的同桌：小李的同桌非常不服气，认为她只是一次考得好而已，完全没必要学习她什么……

持有成长型思维的同桌：小李的同桌学习了她在预习、复习中的方法，希望能够提升自己的学习能力……

思维模式能够在以上的关键情境中，对学生的想法、情绪和行为产生影响。在一个个学业情境中，因思维模式而产生的不同选择，最终会将学生们引向不同的发展轨迹。

1.1.3　我国学生成长型思维的发展现状

既然成长型思维对于学生的发展如此重要，那么，有没有实证研究能证明它在教育中的关键地位呢？我国的青少年在这方面现状如何呢？要想回答这些问题，需要掌握一批覆盖面广、实施标准化且涵盖多个国家和地区的大型数据。

国际学生评估项目（The Program for International Student Assessment，PISA）是经济合作与发展组织（后文简称"经合组织"，英文简写OECD）对15岁青少年开展的阅读、数学、科学能力评价研究项目，被称为"教育界的世界杯"。2018年，成长型思维作为学生发展情况的重要指标之一首次被纳入PISA，全球超过60万名学生参与了这次测试。

PISA2018的结果显示，学生的成长型思维和他们的学业成绩、自我效能感、学习目标等有着显著正相关关系。**换句话说，那些拥有较强成长型思维的学生更自信，有着更加明确积极的学习目标，也因此能够取得更加优秀的学业成绩。**除此之外，诸多研究表明，成长型思维能促使学生采取更加主动、积极的学习行为，并且愿意选择具有一定挑战性的学习任务；同时，他们不怕挑战和失败，更多地在学习中体会到积极情绪，因此在长期发展上更具优势，甚至能够做到"后来居上"。如果我们把人生比作马拉松的话，拥有成长型思维也许不能让学生拥有比别人更加靠前的起跑线，但它能够让学生跑得更远、跑得更好。

值得我们注意的是，PISA2018结果显示，虽然来自我国四省市（北京市、江苏省、上海市、浙江省）的学生目前在阅读、数学和科学方面的表现非常优秀，但是成长型思维水平却仅位于平均线。这给我们提出了一系列关键问题：虽然来自我国的学生在多个关键学科上表现非常优秀，但若成长型思维等学习动力指标的"后劲"不足，那么随着学业难度的增加，学生还能否在后续阶段保持同样的教育优势？那些身处经济欠发达地区的学生，能否在成长型思维的帮助下，坚持努力学习、克服困难，从而改变人生的轨迹？那些有时感到"内卷"的城市学生，能否在成长型思维的启发下看到自己真正愿意为之奋斗的目标，然后真正"为梦想而读书"？**成长型思维和我国教育领域的一些有待解决或是正在解决的议题紧密相连，值得教育者们的进一步关注。**

1.2 什么是成长型思维

读到这里,你对于成长型思维是怎样理解的呢?请把你的答案写在下面:

在你心目中,什么是"成长型思维"?
_____
_____

今天的日期:

你的答案很有可能和我们接下来给出的成长型思维的概念不尽相同,但没有对错之分,它只是反映了你此时此刻对于这个概念的理解。当你继续阅读本书时,你对成长型思维的理解可能会不断发生变化。

在阅读本书的过程中,你可能会产生一些疑问,有些能在书中找到答案,有些不能。无论如何,思考是一件好事,因为你对这些疑问所做的探寻是你深化理解、构建自己的成长型思维知识和经验体系的过程。下面,就让我们正式地认识一下成长型思维。

1.2.1 正式认识成长型思维

成长型思维这一概念的提出者认为,**成长型思维模式指的是一种信念,是一种相信智力和能力可以通过后天的努力得到提升的信念。**

> **知识拓展**
>
> **成长型思维是人们关于智力的观点**
>
> 日常生活中,我们通常都认可"能力是可以提升的"这一观点。例如学生的读写能力、计算能力,很显然都是在学习过程中不断提升的;但是,智力也和能力一样可以提升吗?你可能对此持有一种怀疑的态度。事实上,成长型思维之所以成为让人眼前一亮的教育理念,就是因为它用科学的方式阐明了"智力是可以提升的"这一观点,具体的阐释请见2.1节中"大脑可塑性"的部分。在这里,我们只需要先明确和强调,在成长型思维的世界里,智力和能力一样,是可以在后天得到很大提升的。

1.2.2 成长型思维和固定型思维

到目前为止,你对成长型思维可能仍有各种各样的疑问,不用担心,毕竟我们目前只是刚刚开始这段旅程而已。接下来,让我们认识一下和成长型思维总是相伴出现的——固定型思维。

固定型思维模式指的是一种相信智力和能力是先天确定的、难以通过后天的努力得到提升的信念。

从这个概念中,我们很容易发现:固定型思维和成长型思维是一对相反的信念。这可能会让你联想到一张纸的两面,不是正面就是背面,两者有着截然不同的分界线,不可能同时存在。然而实际上,固定型思维和成长型思维更像是一个连续体的两端,如图1-4所示。

固定型思维　　　　　　　　　　　　成长型思维

图1-4　固定型思维和成长型思维是一个连续体的两端

正如图1-4所示,固定型思维和成长型思维实际是一个连续体的两端。举个例子,世界上具有绝对的固定型思维的人,和具有绝对的成长型思维的人,都是少之又少的;**我们中的绝大多数人都处在这条连续体中间的某一点上,可能更靠近固定型思维,也可能更靠近成长型思维。**说到这里,你肯定非常希望了解自己处于思维模式这个连续体上的什么位置。让我们通过一个小测试来看看吧!

✎ 小测试

你是否同意以下3句话?同意的话请在旁边的方框里打"√",不同意打"×"。

题　目	答案
(1)智力是出生时就确定的,我没法提升自己的智力。	
(2)我能学会新东西,但我提升不了自己的智力。	
(3)智力是一个人身上的固定属性,我改变不了太多。	

揭晓答案:没错,这些句子都是固定型思维!所以,你打的"×"越多,说明你的成长型思维越强。如果你打了3个"√",说明此时此刻你的思维模式偏向固定型——没关系,这是一个走向成长型思维的完美起点!

(来源:取自参考文献[21])

1.2.3　思维模式不是一成不变的

好消息是，我们的成长型思维是可以培养和提升的，就像我们的智力和能力是可以提升的一样。所以不用太在意你此时的思维模式到底偏向哪一边，它只是你思维模式的起点而已。通过阅读本书、不断思考和实践，你的思维模式会不断向成长型的一侧移动。一段时间过后，不妨再做一遍上面的小测试，看看自己的测试结果是否有了变化。

当我们进一步把视线聚焦在更具体的层面上时，就会发现：**每个人都同时拥有成长型思维和固定型思维，只是两种思维模式出现的领域和时机不同**。例如，一位在数学科目上拥有成长型思维的学生（他知道只要自己努力练习就能够提升自己的数学成绩），却可能在体育方面持有固定型思维（他认为自己天生就不是运动的料，没办法通过刻苦练习来提升自己的长跑成绩）。**所以，无论是从整体层面还是具体层面来看，我们每个人都是两种思维模式的混合体，没有绝对的成长型思维的人，也没有绝对的固定型思维的人**。而且，我们掌握着改变自己思维模式的主动权。以下的这个小练习，可以让你对思维模式的变化有更多的思考。

★思考

请你结合自己的经历和想法，思考以下题目内容：
（1）这个世界上就有一些事情是我永远不擅长的。
（2）当我犯错误时，我会尝试从中总结经验。
（3）当身边人比我做得更好时，我有一种受到威胁的感觉。
（4）我非常喜欢到自己的"舒适区"外尝试新鲜的东西。
（5）当我在别人面前表现出自己与生俱来的聪明才智时，我感觉非常好。
（6）我会被别人（我身边的人）的成功所激励和鼓舞。
（7）只有当我做到一些别人做不到的事情的时候，我才觉得证明了自己。
（8）我认为一个人的智力和能力是可以被后天因素改变的。
（9）我认为人们不应该费力提升自己的智力和能力，因为这是天定的。
（10）我愿意接受挑战去完成一件我不熟悉的事。

对于上述10个题目内容，请思考：
问题1：哪些是固定型思维的表述，哪些是成长型思维的表述？
问题2：在同一个人身上或同一件事上，两种思维模式是否可以同时存在？
问题3：请回忆一件令你印象深刻的，由固定型思维转变为成长型思维的例子。是哪些重要的因素促成了积极的转变？

（问题1的答案：奇数题为固定型思维的表述，偶数题为成长型思维的表述）

1.3 成长型思维的价值和意义——鱼和熊掌兼得

心理学家弗兰克尔有一句名言:"人所拥有的任何东西,都可以被剥夺,唯独人性最后的自由,也就是在任何境遇中选择自己的态度和生活方式的自由,不能被剥夺。"这位犹太裔心理学家在第二次世界大战时期遭遇了纳粹的残酷对待,他和家人被关进奥斯威辛集中营,父母、妻子、哥哥全部死于毒气室中,只有他和妹妹幸存。在沉重的打击之下,弗兰克尔超越了痛苦的束缚,他认为,我们也许无法左右命运,但我们永远可以选择自己面对命运时的态度。从弗兰克尔的例子中可以看出,信念和态度不仅可以为我们带来变化,而且也是我们掌控人生的开始。

同样,作为思维模式中重要的一部分,成长型思维可以为每一个人带来变化。这些变化可以小到在困难中再坚持一分钟,也可以大到充分发挥自己的热情与价值、达成富有意义的人生成就。在人生旅程中,成长型思维这粒种子被埋下得越早,就越能够给我们带来更多滋养。因此,成长型思维在教育领域中的应用就显得尤为重要。本书1.2.3小节的思考题目中成长型和固定型思维的表述,在学生中非常常见。**在日常的学习和生活中,拥有成长型思维的学生,往往动机更强,长期成绩更好。**

成长型思维的另一大优势是鱼和熊掌兼得——既能提升学生的成绩,也能促进学生的心理健康,助力学生的综合素养提升、均衡和可持续的发展。用俗话讲,就是让学生"既赢得了今天的中/高考,也赢得了未来的大考"。在更加注重立德树人和长远发展的今天,成长型思维非常适合在中小学校推广应用。

1.3.1 成长型思维助力学生发展

在当下社会中,教育结果不仅仅由教育本身决定,也是社会因素、经济因素、家庭因素等综合作用的结果。在一些经济发展很不平衡的地区,拥有优越的家庭背景就意味着一个孩子更容易获得优越的教育资源,并且因此可以取得更大、更长远的发展空间。在这样的教育环境下,成长型思维可以给普通家庭的孩子带来什么改变?

心理学家调查了智利国内超过16万名高中生,收集了他们的家庭背景、学业成绩和成长型思维等数据。结果显示,无论家庭的社会经济地位如何,拥有成长型思维的学生的成绩都明显优于拥有固定型思维的学生;**更加令人振奋的是,对于那些家庭社会经济地位较低的学生,拥有成长型思维可以帮助他们追赶上那些比他们富有(但拥有固定型思维)的学生!** 从研究数据来看,对于来自较低家庭社会经济地位的学生来说,拥有成长型思维能够让他们追上那些家庭收入是他们几倍的孩子,如图1-5所示。这份研究充分显示成长型思维让学生拥有了跨越阶层的力量。

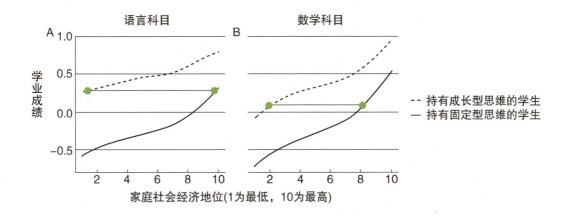

图 1-5 不同思维模式和家庭社会经济地位、学业成绩的关系

(来源：取自参考文献 [18])

那么，成长型思维是如何做到这一点的呢？心理学家做了大量研究，结果发现，成长型思维可以通过增加学生的内部归因、掌握目标和努力信念，进而影响学生的学业表现和在未来学业中寻求挑战的可能性，如图 1-6 所示。

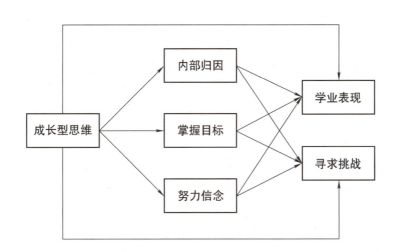

图 1-6 成长型思维在学生群体中的作用机制

(来源：取自参考文献 [51])

具体而言，当一名学生拥有成长型思维时，他/她会有以下表现。

1. 将自己的学业表现更多地归结于自身因素

拥有成长型思维的学生会更多地采取内部归因的方式，即将学业表现视为自身可控因素作用的结果，因此他们能够不断地改善自己的学习行为、提升自己的学业表现。在学业中，拥有成长型思维的学生会将自己在学业中取得的成果归结为自身的努力、恰当的学习策略等因素。如果取得了优异的成绩，成长型思维的学生会这样想：这次成绩不错，是因为我每日认真听讲、课下主动向老师请教，也就是说，是我努力、高效学习的结果。如果没有取得理想的成绩，成长型思维的学生则会这样想：这次成绩不如预期，也许是我在这个科目投入的时间还不够，也许是我采取的复习方法还不够有效……总之，我需要好好反省，看看自己可以怎样做得更好。

2. 给自己的学习设定为掌握目标

成长型思维的学生相信自己的能力可以提升，因此更多地会给自己设定为掌握目标，即"我学习是为了掌握知识、提升能力"。在掌握目标的指引下，成长型思维的学生能够更加专注于自己的学习，他们不会过分在意自己是否在同学面前答错了问题、在考试中是否取得了优越的名次。拥有掌握目标的学生不和其他人赛跑，而是和自己赛跑，坚持努力，比昨天的自己更加优秀一点点。如果你想了解更多关于掌握目标的内容，请阅读本书 2.3 节。

3. 更加认可努力的价值和意义

成长型思维的学生相信自己的智力和能力可以在后天得到提升，提升的途径很简单——努力。在成长型思维中，努力并不代表我很笨，因为每个人都是通过努力提升自己的。因此，成长型思维的学生不羞于展示自己在学习中付出的努力。在他们眼中，持续努力会让自己稳步提升，即使努力暂时没有带来期望的结果，他们也不感到气馁或是丢脸。同时，他们也非常注重"有效地努力"，采取恰当的学习策略，不一味地埋头苦干、做无用功。在这种努力信念的指导下，成长型思维的学生不懈怠、不放弃，自然会在学业中得到相应的回报。

成长型思维的学生在以上方面的特点，会使他们在日常学习中更加努力，更加愿意挑战自己，也更加珍惜自己从各种挫折中吸取到的教训，因此学业表现最终也会更加优异。

★ **小活动** ★

成长型思维"储蓄罐"

- 请学生们寻找一个空的易拉罐，在罐身上贴上"成长型思维储蓄罐"的名称。
- 在日常的学习和生活中，每当在用成长型思维帮助自己努力地应对挫折和挑战时，就把事件简单地记录在一张纸条上，然后投入罐子里，作为自己的成长型思维"储蓄"。
- 在生活中遇到难题时，可以随机抽出罐子里的纸条，用这些成长型思维"储蓄"来鼓励和启发自己。

1.3.2 教师的思维模式至关重要

在培养学生的成长型思维过程中，教师担任着"守门人"的关键角色。如果教师在课堂上、班级中以及校园里能够为学生提供一种稳定、持久的成长型思维的环境，就可以看到学生的成长型思维在不断生根、发芽，并长成参天大树。有研究显示，当教师能够积极地将成长型思维用于课堂教学、鼓励学生为自己的目标而努力、提醒学生有效采用策略并及时给学生反馈时，学生就能够更有效地内化成长型思维，提升学业成绩，同时，学生的心理健康也得到了充分的保护和提升。

需要注意的是，成长型思维并不简单地等于一味地夸奖和表扬学生。关于如何表扬，心理学家曾做过一个有趣的实验：

> 研究者找来了一群五年级的学生，并将他们随机分为两组——"表扬聪明组"和"表扬努力组"。研究人员用不同的方式表扬学生，并观察学生在接下来任务中的表现。
>
> 第一轮实验：研究人员给学生出了一道对于五年级学生来说很简单的谜题，学生顺利解出后，"表扬聪明组"的孩子得到的是一句对他们聪明才智的夸奖，比如"你在这方面很有天分，你真聪明"。"表扬努力组"的孩子得到的则是一句对他们努力过程的夸奖，比如"你刚才的出色表现，是你认真努力的结果"。
>
> 第二轮实验：研究人员告诉学生，接下来有两种不同难度的谜题，他们可以选择做哪一道。其中一道稍微难一点，另一道则是和上一轮类似的简单题。结果发现，那些在第一轮中被夸奖努力过程的孩子中，有90%都选择了难度较大的任务；而那些被表扬聪明的孩子，则大部分选择了简单的任务。由此可见，认为自己是聪明才做对题目的孩子，不喜欢面对挑战，因为他们要躲避失败的风险：一旦失败，别人就会发现他们其实并不聪明，而他们很害怕被人认为自己是笨蛋。
>
> 第三轮实验：研究人员故意出了一道很难的题目，所有学生都没有做对。那些被夸奖努力过程的孩子，在面对这道远远超出他们能力的题目时仍然非常投入，他们的情绪更加积极，也努力尝试各种方法来解决难题，好几个孩子都告诉研究者："虽然这道题很难，但是我最喜欢这道题！"。而那些被表扬聪明的孩子则沮丧地认为，自己做不出这道题是因为他们并不聪明，这些孩子们做题的动机和投入程度，均受到了显著的负面影响。
>
> 第四轮实验：研究人员再次提供了一道相对简单的题目，和第一轮的题目差不多。那些被夸奖努力过程的孩子，在这次题目中的得分比第一轮提高了30%左右；而那些被夸奖聪明的孩子在本轮中的得分却比第一轮退步了大约20%。

这个实验的结果听起来真的非常令人惊讶：只是因为研究人员在实验开始时的夸奖不同，学生们竟然在接下来的一系列任务中出现了如此截然不同的表现。那些被夸努力过程的学生，他们从夸奖中获取了这样的信息：成功来源于我的努力，因此我可以通过努力来让自己变强。而被夸奖聪明的学生则认为成功是自己的聪明才智带来的，是无法改变的东西。因此当他们面对失败时，往往会被"自己其实不聪明"的念头击垮，束手无策。

还有研究发现，当教师使用成长型思维的教学反馈方式，用如鼓励努力、鼓励学生勇敢面对挑战和失败等方式来指导和评价学生的学业时，能显著提升学生的成长型思维水平。同时，教师的思维模式越靠近成长型思维，他们也会越看重学生自身的成长，而不是一味地将学生和其他人进行比较。

由此可见，对于教育者而言，拥有成长型思维是一件"一箭双雕"的好事：他们既可以更好地培养下一代，同时也可以更积极地看待自己的教育角色，成为更好的自己。

> ★ 思考
> - 就成长型思维在教学中的应用而言，"夸奖"和"鼓励"的区别在哪里？
> - 如何让学生更能从鼓励中受益？

1.3.3　成长型思维与心理健康——鱼和熊掌兼得

看到这里，有的教师可能会有疑惑：成长型思维能够促进学生进行内部归因、设定掌握目标以及强化努力信念，这些能对学生的心理健康有什么影响呢？有的教师可能也会有这样的疑问：教育应当更注重学生的综合素养，为何本书中还是谈到了很多成长型思维和学习成绩相关的内容呢？这是因为，通过提升成长型思维来提升学习成绩，与应试教育中提升学习成绩的方式大不一样——**提升成长型思维可以做到"鱼和熊掌兼得"，即不仅可以提升学生的学习动机和学习成绩，还可以同时促进心理健康，促进学生的长期发展。**

1　成长型思维对学生自尊、自信的影响

绝大部分学生都了解努力的积极意义。但是，在实际学习中，尽管努力被推崇，不努力则会受到批评，许多学生却不愿意付出努力，其根本原因是固定型思维。在固定型思维的影响下，努力是一把"双刃剑"，一边提升学业表现，一边损害学生的自尊、自信。

在固定型思维的影响下，学生们会认为"好学生"们不用怎么努力就可以做得很好，需要努力则意味着能力不足。 在课业难度较低的年级，或者学业挑战和失败较少的时候，固定型思维的危害不太明显，但是随着课业难度增加、新课业内容出现、学业挑战和失败增多时（例如从小学到初中的转折期），固定型思维对学业和心理健康的危害便开始显现出来：当付出了很多努力，并遭遇挑战和失败后，持有固定型思维的学生，不仅会感到失望和难过，更会觉得自己的能力不如别人，而丧失自尊和自信；如果学生正处于对自尊、自我价值要求较高的时期，如初高中时期，则对学生心理健康的负面影响将会更大。不仅如此，在初高中时期，课业难度是逐年增加的，学生一定要付出很多努力，经历挑战和失败，才能有效掌握课堂内容，这对持有固定型思维的学生是个坏消息：要么努力，但面对丧失自尊和自信的风险；要么不努力，面对学业失败的风险。

对于持有固定型思维的学生而言，如果未经努力而遭到失败，虽然会感到失望和难过，但是由于可以用"没有努力""我只是焦虑了"，或是"我还没有用全力"等借口来安慰自己，因此对自尊和自信的打击反而较小。**久而久之，持有固定型思维的学生就可能发展出一系列不当的自我妨碍策略，或是干脆放弃努力，彻底"躺平"**。例如，有的持有固定型思维的学生会假装很努力，表现得很上进，设置过高的目标，而教师们能看出来他们的"浮躁"，或是有的学生，一到考试就焦虑，且"考试焦虑"阻止了对真实学习能力的关注，而有的学生经常拖延，并把拖延当成失败的理由，避免被别人认为"能力不足"。总而言之，很多不付出努力，或是没有用合适的方式努力的学生，并不是缺乏学习动机，而是因为固定型思维将他们的学习动机引向了对自尊和自信的保护上，而不是学习任务上，如图1-7所示。

图1-7　面对挑战和失败，不同思维模式对学生自尊、自信的影响

（图中红色路线为成长型思维的作用过程，绿色路线为固定型思维的作用过程）

但是，如果学生持有成长型思维，情况就会大不一样。成长型思维相信努力、挑战和失败是成功的必由之路，而且对自我的评价不取决于当前的能力水平——当前的失败并不说明自己能力不足，而是自己的能力正在成长。**因此，对持有成长型思维的学生而言，当前不够令人满意的表现并不会损害他们的自尊、自信**。在教学实践中，教师会发现拥有成长型思维的学生对自己的挑战、失败能够做到"拿得起、放得下"，能够更快地从失望和痛苦中走出来，专注于努力改变现状，并且也更能够听取教师的建议。

当处于高竞争的学习环境下时，持有成长型思维和固定型思维的差距最为明显：高竞争会放大挑战和失败的风险，并且让努力的回报变得不确定。此时，持有成长型思维的学生虽然也会很辛苦，但是他们不仅能够保持心理健康，还能够慢慢提升自己的学习表现，甚至做到后来居上。而持有固定型思维的学生，则会学习得很痛苦——为了维护自尊、自信的策略就像皇帝的新衣一样，对学习没有什么帮助，可是一旦开始努力，就要面对让人难过的"能力不足"。因此，在高竞争的学习环境下，培养成长型思维能够帮助学生正确看待当前的学习表现（如成绩等），进而对学生的自尊、自信产生积极作用。

> ★ 思考
> - 为什么"以成绩论英雄"可能会损害学生的学习动机和心理健康？
> - 如何帮助持有固定型思维的学生发展成长型思维，使得他们不再将自尊、自信建立在学习成绩上？

2. 成长型思维和积极情绪、生活满意度、学校归属感、失败恐惧的关系

学生们大部分时间都在学校中度过，包括听课、写作业、和同学交往以及和老师沟通等；因此，学生的心理健康也是学校工作的重要组成部分。**PISA2018 的结果显示，拥有成长型思维的学生通常也拥有更高的积极情绪、生活满意度和学校归属感**。持有成长型思维的学生，更有可能在学校中体验到快乐、希望、自豪等积极情绪，也更对生活的不同方面感到快乐和满意，同时也更能在学校中感到被接纳、被重视。其中值得一提的是，持有成长型思维的学生，比持有固定型思维的学生，生活满意度要高27%。积极情绪、生活满意度、学校归属感不仅是学生心理健康的重要指标，也均能对学生的学习表现产生深刻、长远的影响。

更为重要的是，在我国四省市学生的数据中，成长型思维对积极情绪、生活满意度、学校归属感的影响力均居世界前列，换言之，成长型思维可以帮助提升学生的积极情绪、生活满意度、学校归属感。同时，我国四省市学生的成长型思维对失败恐惧的负向预测力也位于世界前列，这意味着成长型思维也可以帮助学生提升面对失败时的勇气和信心。

那么，积极情绪、生活满意度、学校归属感到底对学生的学业有何影响呢？如图 1-8 所示，**首先，积极情绪除了提升幸福感、促进心理健康外，对兴趣、专注、记忆、学习投入、自我效能等也会产生积极作用**。同等的能力水平和努力程度下，在积极情绪下学习的学生，显然会比在"苦大仇深"的情绪中学习的学生，更有效率、更能坚持。**其次，生活满意度是生活质量的重要参数，能够影响学生的表现和身心健康**。持有成长型思维的学生，往往更乐观、有心理弹性，并能够正确看待和处理负面生活事件。**再次，归属感不仅和更高的学习动机、自尊和学业成就相关，还能减少逃课、辍学和纪律问题，甚至降低青少年的反社会行为**。当学生认为学校是"另一个家"，认同学校的同学和老师，并在学校中感到被接纳和重视时，当然会更愿意按照合乎规范的方式行事。**最后，成长型思维还能够降低学生对失败的恐惧**。失败恐惧和学习、考试焦虑，以及面对学业挑战时的回避行为、消极情绪有关，降低失败恐惧能够显著减少以上问题的产生和恶化，尤其是有助于减少学习和考试焦虑问题。

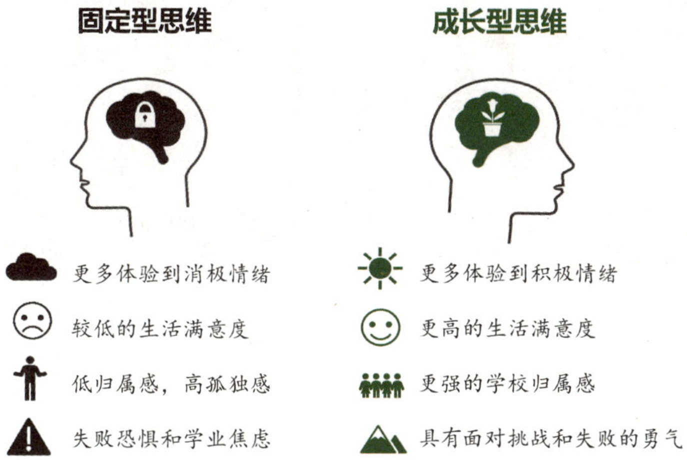

固定型思维	成长型思维
更多体验到消极情绪	更多体验到积极情绪
较低的生活满意度	更高的生活满意度
低归属感，高孤独感	更强的学校归属感
失败恐惧和学业焦虑	具有面对挑战和失败的勇气

图 1-8　固定型思维和成长型思维对心理健康的作用

总之，成长型思维能够通过多个角度，维护学生的心理健康，并同时改善学业成绩，做到"鱼和熊掌兼得"。当教师能使用成长型思维的教学方式，有效提升学生的成长型思维，并塑造成长型思维的环境后，就能在维护心理健康的前提下促进学生的学业发展。相对于智力方面的成长型思维，一些其他领域的成长型观念（或是思维模式）也对提升心理健康有积极作用，例如前文中提到的成长型压力观、成长型人格观等，但是它们和本书所探讨的智力的成长型思维内涵不同，作用机制也不同，且在日常课程教学中的应用也不如成长型思维广泛，因此本书将主要讨论智力方面的成长型思维。

Chapter 02

第 2 章 成长的大脑，成长的我们

张老师的第一节成长型思维课程并未收到预想的效果，同学们在上课时反响很不积极。张老师在课下找到几位同学了解情况，同学们告诉张老师，他们感觉成长型思维非常像"心灵鸡汤"，和那些励志学、成功学没什么不同，都是要劝人努力，在挑战和失败面前别害怕，这些内容，已经有太多教师讲过了，而且讲了一遍又一遍，同学们都已经很不感兴趣。张老师听取了同学们的意见，收集了很多成长型思维相关的脑神经科学的研究，重新设计了课程，并将成长型思维相关的脑科学知识策划成知识抢答、海报制作、小组讨论等丰富多彩的活动。第二次的课程收到了很好的效果，同学们的积极参与，而且反映自己学到了很多有用的脑科学知识，可以帮助自己更好地学习。

2.1 成长型思维背后的脑科学

张老师的案例在实际教学中并不是个例，很多教师在刚接触成长型思维课程时，都会思考：如何不把一节成长型思维课程讲成"心灵鸡汤"，避免学生失去学习兴趣？这一问题的关键答案就在于成长型思维和励志学、成功学"心灵鸡汤"的最大区别——成长型思维背后具有坚实的科学原理。

2.1.1 智力和能力真的可以提升吗

在进一步探讨成长型思维在我们生活中的表现之前，我们希望先介绍成长型思维的生理基础——大脑可塑性，它利用认知神经科学（也就是我们平时所说的"脑科学"）的手段向我们展示了为什么我们的智力也是可以通过后天努力得到提升的。如果你仍对智力可以提升这一事实感到怀疑，那么希望接下来关于大脑可塑性的讲解可以帮助你解答疑惑。

> 📖 知识拓展

什么是大脑可塑性

大脑可塑性，通常指中枢神经系统改变其现有结构和功能的生理机制或过程以应对环境变化（如经验、学习、训练或受伤）的能力，其机制包括形成更多新的神经元、胶质细胞和突触以及加强现有神经元之间的连接等。

2.1.2 大脑是怎么运作的

我们的大脑由大量的神经元组成。神经元就像是大脑这台电脑的基本运算单位，它们的工作效率直接影响了大脑的"性能"。在我们成长的过程中，神经元逐渐和彼此连接在一起，形成高速迅捷的神经网，把信息更加快速地在大脑中传送着，如图 2-1 所示。所谓智力高低，反映在我们大脑的生物活动中，其实就是神经元连接的数量、神经元连接的结实程度以及神经元间的信息传递速度。**当彼此相连的神经元数量越多、连接得越紧密，那么信息在其间传递的速度就越快，我们的大脑就能够更加高效地运转。**

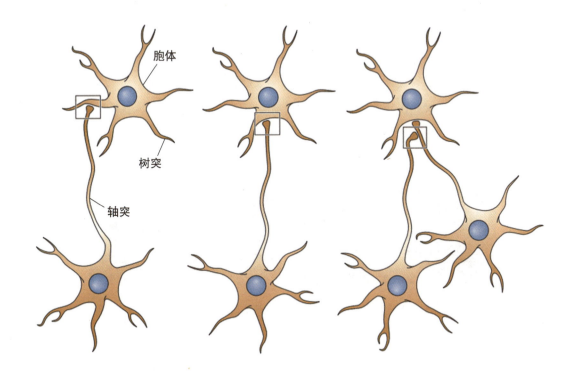

图 2-1 神经元彼此相连

（来源：取自参考文献 [9]）

我们不妨将神经元连接而成的网络想象成一座城市的公路网。一座城市的公路条数越多、彼此交叉得越多、交叉点设计得越合理，那么一辆车从起点到达目的地的速度也就越快（暂时不考虑堵车的情况）。我们大脑中的信息就像是车辆，当大脑中的神经元网络越密集、结实，那么信息传输得也就越高效。

根据脑科学家的研究显示，一个成年人大脑中的神经元数量大约为一千亿（10^{11}）个，人和人之间没有太大的不同。既然我们头脑中神经元的总量基本确定，那么，当我们通过刻意地学习和练习，让大脑的相应区域中，承担智力活动的神经元之间的连接，变得更多、变紧密时，就是在大脑层面上切实地提升了自己的智力水平。如何才能做到这一点呢？

2.1.3 通过练习升级我们的大脑

当我们不断地思考、练习一件事物时，大脑中的神经元就会得到反复的刺激，并在刺激下生长、连接，形成更加快速的神经通路，这也正是我们俗话说的"熟能生巧"。事实上，我们大脑中的这些神经元能够形成多达一百万亿（10^{14}）个连接。大脑的这种特点被称为"大脑可塑性"。从某种意义上来说，大脑就像一块掌握在你手中的雕塑材料，你可以通过有策略的、持续不断的努力来雕刻你的大脑，使得它的性能更优秀，智力也就自然得到了提升。

近年来，大量的脑科学研究结果都表明：大量、持续的练习可以加强神经连接。脑科学研究者把目光放在了城市里最繁忙的人之一——出租车司机身上。研究者在伦敦招募了一群出租车司机，收集了他们的年龄（平均值为44岁）和工龄（平均值为14.3年）等信息。接着，研究者将这些出租车司机请进实验室，用功能性核磁共振（fMRI）对他们的大脑进行了扫描。结果发现，出租车司机脑中的海马体后部（该脑区与记忆、空间信息处理有关）的灰质体积显著大于常人，如图2-2所示。

图2-2 出租车司机（左）与普通人（右）海马体后部灰质体积对比（红色部分）

（来源：取自参考文献[31]）

读到这里，你可能会问：这也许只是说明那些天生海马体后部灰质体积较大的人更容易成为出租车司机呀？为了回答这个问题，研究者把出租车司机海马体后部灰质体积大小和司机师傅们从事该工作的时间长短（即工龄）进行了计算，结果发现，工龄越长，该部位的体积也越大，如图2-3所示。这说明体积的变化是可以由后天的练习带来的，毕竟在电子导航技术还不发达的当时,这些出租车司机每天都在努力用大脑为自己导航,才能让自己不至于迷失在伦敦复杂的街巷中。

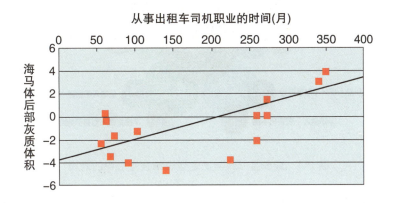

图 2-3　出租车司机工龄(横坐标)与海马体后部灰质体积(纵坐标)呈正相关关系

(来源:取自参考文献 [31])

除了司机这份职业以外,我们生活中的许多例子都在向我们证明:反复练习不仅能让我们在某一方面的技能表现得更加出色,而且可以带来大脑结构的变化。例如:我们的智力水平可以通过练习得到提升。一些实验研究发现,短时间密集的知识学习,如针对某一门考试进行为期 3 个月的紧密复习,就能使大脑部分区域的灰质得到显著增加。

2.2　成长型思维如何影响我们

在了解了大脑可塑性和它对成长型思维的理论支撑后,我们回到生活中,看一看成长型思维和固定型思维怎样影响着我们的各种想法和表现。图 2-4 中的 5 个大花瓣,分别代表了我们在生活中经常会遇到的 5 个场景——例如,如何看待努力、如何看待挫折等;而每个大花瓣上的两个小花瓣,则代表了在该场景下,成长型思维和固定型思维会让我们有怎样的想法和表现。在第 1 章中,我们举了一些在学生中的例子——不同的思维模式,让学生在面对同样的挑战、挫折、批评等情境时,想法和行为大不相同,在本章我们将进一步详细解释这些想法和行为背后的原因。

2.2.1　成长型思维与固定型思维在生活中的表现

成长型思维与固定型思维的差异主要表现在面对努力、挑战、挫折、他人的批评,以及面对他人的成功时。在面对这些场景时,不同思维模式的学生往往会有迥异的应对方式,如图 2-4 所示。下面,我们将详细讲解成长型思维和固定型思维在生活中的表现。

图 2-4 成长型思维与固定型思维在生活中的表现

1. 努力：两种思维模式的根本差异

当你仔细读完图上的每一个花瓣后，可能会产生这样一种印象：成长型思维的人善于把一切机会变成自己进步的机会，而固定型思维的人则会让人过于在意自己在他人眼中是否是一位完美无缺的天才。例如，无论是在需要努力时、遇到挫折或是挑战时，成长型思维的视角无一例外地关注在"提升、成长"上，认为任何事物、任何境遇，都是可以让我们变成更好的自己的机会。同时，成长型思维并不鼓励一味地"死读书"，而是鼓励我们"聪明地努力"。这包括我们为自己的努力设立有价值的目标、对努力的过程有清晰的计划、采用有效的方式努力、能及时评估和调整自己努力的效果等。

那么固定型思维呢？正相反，它让我们的关注点，永远停留在"自己是不是一个天生聪明、比别人厉害的人"上。"努力？太努力会显得我不够聪明""遇到挫折？我做不好这件事一定是因为我天生就不擅长这件事，我以后要避免丢脸""别人批评了我？他/她肯定是不认可我这个人，我以后再也不想跟他/她打交道了"……在固定型思维的世界里，世界和自己都是固定不变的，行就是行，不行就是不行，几乎看不到改变的可能性，也不想做出改变。

当需要通过努力才能达成学业目标时，持有成长型思维的学生在努力学习的过程中更能体会成长的乐趣和努力的意义，他们往往是学习中的"好之者"和"乐之者"，因此会更加愿意努力和坚持；而对持有固定型思维的学生而言，虽然他们也了解努力的重要性，但努力对他们而言是"学海无涯苦作舟"的过程，努力并不是来源于内部的动机和兴趣，而是来源于外部的成绩要求，或是内在的心理压力，例如"要考高分才能被表扬""学得好才能避免被别人看不起"等，因此难以保持长期的努力和投入——人性是趋利避害的，缺乏内在动力的努力必然难以持久。

2. 挫折：看到硬币的另一面

挫折是成长型思维的好处体现得最为充分的场景，我们在生活中常常会遇到挫折，小到在工作中遇到了不顺心,大到在人生的重要时刻失利,挫折总是会"不请自来"。学校中,考试失利、被教师批评都是学生的常见挫折场景。在挫折场景下,我们最能够识别哪些学生拥有成长型思维。遇到挫折时,成长型思维的人并不会急于从挫折场景中逃走,而是会反思挫折产生的原因,并思考下次如何能够做得更好。这个道理说起来人人都懂,但是真正实践到生活中却是困难的——我们每个人都有自我保护的需求,因此本能地希望从挫折中逃开、希望永远不去面对和思考它。

其实,成长型思维并不是不允许我们在挫折面前出现负面情绪,而是在情绪过后,能够理性地思考它给我们的成长所带来的价值和意义。 使用脑电技术的研究表明,具有成长型思维的学生在任务出错时,会将更多的注意力分配给自己犯错的任务,及时改进,并在后续的任务中提升正确率。之前的研究也已在成年人身上证实了这一现象。

3. 挑战:成长就在此时此刻

相比之下,挑战本身没有挫折那么令人不快,但是挑战带来另一个威胁——不确定性,例如面对不确定的结果,或是他人的成功等;其中,他人的成功可能会通过社会比较,给学生带来对自我效能和自我价值的不确定感,因此也是常见挑战的一种。如果挑战失败,就会面临挫折,除此之外,挑战都是带有一定困难的(没有任何困难的事情不能被称为挑战),而面对困难,努力和坚持都是必要的,缺一不可。

脑科学研究证实,接受挑战、迎难而上可以带来更多的大脑变化。 正如脑科学家阿诺德·沙伊贝尔所说,"最重要的是积极地进入你所不熟悉的领域",因为"任何在智力上具有挑战性的事情都有可能成为神经树突生长的刺激,而树突的生长则意味着它可以增加你的大脑的'计算储备'"。研究表明,**那些处在"舒适区"之外并不太远的"挑战区"中的挑战与任务,最能促进大脑的变化。**

当遇到挑战时,持有成长型思维的学生往往把它们看成学习、进步的机会,而持有固定型思维的学生则会把它们看成一种威胁——"挑战很可能证明我缺乏能力"。在日常教学过程中我们也会发现,有的学生面对小的错误也不愿改正,或者是一到挑战面前就会回避、放弃,这些情况大多和固定型思维有关。持有固定型思维的学生,往往会"困在"自己的"舒适区"里,觉得挑战是"危险的",而持有成长型思维的学生会通过挑战自己而不断进步。

4. 他人的批评和反馈:"对事"还是"对人"

在遭遇他人批评时,持有成长型思维的学生往往能把关注点集中在他人的有效建议上,并从中吸取经验,而持有固定型思维的学生往往会认为对方在贬低自己,从而难以接受别人的批评。对于持有固定型思维的学生而言,他们认为自己的能力难于改变,会把自我价值和当前的学业表现画等号,别人对自己当前表现的批评不是在"论事",而是在"论人",贬低了自己的学业能力和自我价值。**持有成长型思维的学生认为自己的能力可以改变,自我价值不取决于当前的学业表现,因此他们可以将批评看成"对事不对人"的建议,因此**

更能够听取有效的意见、建议。在实际教学中，我们会发现，那些能"听进批评，有则改之，无则加勉"的学生，往往具有成长型思维。

> ★ 思考
>
> **蛋糕的寓言**
>
> 桌子上有一块蛋糕，坐在桌前的两个人有截然不同的想法。第一个人在想："蛋糕很好吃，我想多吃点。所以，我怎样才能从中分得更大的一块？"第二个人在想："蛋糕很好吃，我想多吃点。所以，我怎样才能做出一个更大的蛋糕，让我和另一个人都能多吃点？"在第一个人眼里，如果你赢了，我就输了；在第二个人眼里，每个人都可以为自己和他人争取更好的收益。
>
> 看了这则寓言，请思考：
>
> （1）哪个人的想法更符合成长型思维？
>
> （2）你的班级和课堂更像哪种情况？如果是第一种，你能做些什么来改变？

5. 他人的成功："互利共赢"还是"你输我赢"

在面对他人的成功时，由于持有成长型思维的学生的首要目标是学习和成长，所以他们会更加关注别人是如何获得成功的，并期望从中学习，而持有固定型思维的学生，其首要目标是自我保护，不让自己显得"缺少能力"，因此他们往往会不愿意学习别人的长处和优势，更有甚者，还会出现嫉妒心理和"暗算打击"的行为——嫉妒和不屑可以安慰自己内心的挫败感，而"暗算打击"可以通过贬损别人的表现，达到自我安慰的效果。他们更不愿意合作，且难以向有经验的同学开口求助，因为这会让自己显得"缺乏能力"。**因此，在一些存在竞争的学习环境中，培养"互利共赢"的成长型思维，减少"你输我赢"的固定型思维，不仅有利于学生的学业发展，还有助于学生良好品行的培养。**

> ★ 思考
>
> （1）"提升一分，干掉千人"的口号，会给学生的道德品质发展带来哪些影响？
>
> （2）如何将"我要在成绩上超过×××（另一位同学）"的学习目标改变为符合成长型思维的目标？

2.2.2 生活中的思维模式

说到这里，你已经对两种思维模式在生活中的表现有了一个基本的把握。下面，我们列出了一个表格，见表2-1，请你用自己在生活中的观察和思考，写下成长型思维和固定型思维在这些场景中的表现。表格的最下方还留有几行空白，提示你可以续写这个表格，不断地记录你在生活中遇到的新场景，更好地进行自我探索和发现。

表 2-1　生活中的思维模式

场景	固定型思维	成长型思维
我做成了一件事		
坚持了一段时间没有改观		
来了一项我不想完成的任务		
我和别人的观点不同		
工作伙伴/家人让我不顺心		
对于生活现状不满意		

2.2.3　成长型思维可以给每个人的生活带来不同

在我们向大家分享成长型思维的过程中，常常会有人提出这样的问题："成长型思维就一定是好的吗？"不得不说，这样的问题非常难以回答，因为它涉及每个人的价值观念体系，会带来千差万别的理解。对于正在读这本书的你来说，我们希望能和你一起来探讨这个问题的答案。

你认为成长型思维的价值和意义是什么？请写下你的想法：
_____
_____
_____

你可以从个体的终身发展、职业发展、生活满意度等角度来思考和回答这个问题，答案没有对错之分。在本书接下来的内容中，你可能还会不断发现新的答案。

2.3　成长型思维从哪里来

近年来，成长型思维在国内初登舞台，它作为一种新兴理念，在教育界、心理学界、商业界等获得了广泛的关注。我们可以套用艾宾浩斯的那句名言来描述成长型思维这个概念的发展过程："成长型思维有一个漫长的过去，但只有短暂的历史"。

2.3.1 第一阶段：对于儿童习得性无助和失败归因的研究

成长型思维这个概念的基础，来源于心理学中对习得性无助和失败归因的研究。成长型思维的提出者斯坦福大学的德韦克教授，从20世纪70年代开始研究人类（尤其是儿童）在学业领域的习得性无助现象。她在研究中发现了一个有趣的现象：**当面临失败时（例如没有完成研究人员给出的题目），孩子们的反应是截然不同的**——有的孩子会陷入非常无助和沮丧的情绪中，并且在接下来的任务中表现越来越差；与此相反，有的孩子似乎不太受到习得性无助的影响，他们在失败面前不仅没有沮丧，而且越挫越勇，在接下来的任务中认真总结经验，表现也越来越好。**研究者认为，这是由于孩子们对于失败的归因不同：前一类孩子把失败归结为他们不可控的因素，比如自身的能力，而后一类孩子则认为失败的原因来自一些可控的因素，比如努力的程度等。** 抱有截然不同的信念，孩子们对于失败和接下来任务的应对方式也大不相同。

> **📖 知识拓展**
>
> **归因理论**
>
> 美国心理学家韦纳在其他研究者的基础上提出了较完善的归因理论。人们取得成功的原因有很多，韦纳将这些原因在三个维度上进行描述——原因源（内部 vs 外部）、可控性（可控 vs 不可控）和稳定性（稳定 vs 不稳定），成功的每种原因都可以通过这三个维度进行描述。例如，努力是内部的、可控的，因为它来自我们自身，可以被我们主动控制；而运气则是外部的、不可控的、不稳定的，因为它不能被任何人控制，而且运气的大小多少也不是永远恒定的。
>
> 那么这和动机有什么关系呢？当人们对自己的成功进行归因时，不同的归因会为下一次行动带来不同的动机。例如，同样是在考试中取得了优异的成绩，小A将其归因于自己的努力，而小B则归因于自己的运气。接下来会发生什么呢？小A会继续通过努力来争取更优异的成绩，因为努力是可以主动控制的；而小B则可能什么都不会做，毕竟运气并不掌握在自己的手中。不同的归因方式，给小A和小B带来了截然不同的学习动机。

为了验证这个想法，研究者在接下来的研究中找来那些将失败归结为不可控因素的孩子，并教给他们一套全新的归因方式——失败不是能力不足，而是努力不够。**接受了这种观念之后，孩子们在接下来任务中的表现都大为改善。** 然而，研究者们仍然在思考一个问题：那些能力差不多的儿童，为什么会持有如此不同的归因方式？为什么那些其实非常优秀的孩子，在一次失败面前就会丧失全部信心？这些归因方式的来源是什么？伴随着对于这些问题的追问，成长型思维的研究进入了下一个阶段。

2.3.2　第二阶段：对于儿童成就目标的研究

20世纪80年代，心理学家在动机研究领域发展出了成就目标理论。心理学家认为，成功不仅取决于事后我们如何解释自己所取得的成绩，也跟我们最初给自己设定的目标有关，这种强烈的愿望被称为成就目标。

学生们往往持有不同的成就目标：第一种是掌握目标（mastery goals），即认为自己完成任务是为了掌握更多知识、提升自身能力，看重成长和未来的改变；第二种是成绩目标（performance goals），即认为自己完成任务是为了取得优异的成绩和名次，只有当自己分数高、名次领先时才算是在这项任务上成功，见表2-2。

表2-2　掌握目标和成绩目标的对比

维度	掌握目标	成绩目标
将什么视为成功	改善、进步、提升	高分、高排名、高天赋
满足的原因	有挑战性、有收获	表现好、结果好
如何看待错误	学习过程中的一部分	能力不足的证明
关注的焦点	学习过程	学习结果
努力的原因	能学到新东西	能获得高分，压人一头
评价标准	自身的进步	与他人比较
任务选择	有挑战性的	非常容易的或非常难的
看待老师	努力学习的资源和向导	给予奖惩的法官

研究者通过实验进一步观察发现，当儿童持有掌握目标时，他们对于失败的反应就相对比较积极，能够通过思考和尝试来提升自己的表现；而当儿童持有成绩目标时，他们在失败面前就容易陷入沮丧、无助、放弃的境地。看起来，成就目标的不同可以解释这些儿童归因方式的不同，但研究者继续提出了下一步的研究问题——人们为何持有这些不同的目标？

2.3.3　第三阶段：思维模式的提出和发展

时间来到20世纪80年代末，心理学家继续沿着这条思路进行研究，他们发现了问题的本质——不同成就目标的背后，是人们对于智力和能力的不同看待方式，这种看待方式就是我们所说的思维模式。通过大量的实验研究，研究者发现，思维模式是我们头脑中更加本质、深层次的信念，它的存在影响着前面提到的归因、成就目标和对失败的反应等。而思维模式也分为两种截然不同的类型——认为智力和能力是可增长的信念被称为成长型思维，而认为智力和能力固定不变的则被称为固定型思维。至此，成长型思维模式的基本理论已初具雏形。

在接下来的一段时间内，心理学家致力于深入探索思维模式这个有趣的领域，通过大量科学、严谨的实验和干预研究，不断地描绘着思维模式的形态。同时，研究者也对思维模式的一些本质问题进行着探索。**研究发现，思维模式作为人们信念系统中重要的一部分，通常是相对稳定的，但仍可以通过恰当的干预手段得到改变**：例如，通过一些巧妙设置的情景线索，心理学家可以在短时间内引发我们相信成长型思维，但如果这种启动效应不够深入有效，成长型思维通常并不能持续太久。

在这些研究结果的基础上，心理学家开始着眼于干预研究——如何通过干预手段，深入有效地培养学生的成长型思维？一系列研究发现，那些刚刚从小学升入初中，处于关键过渡期的学生通常会经历明显的学业成绩下降，但一部分学生学习了成长型思维的内容后，学业成绩没有出现下降，反而有小幅度的提升，如图 2-5 所示。

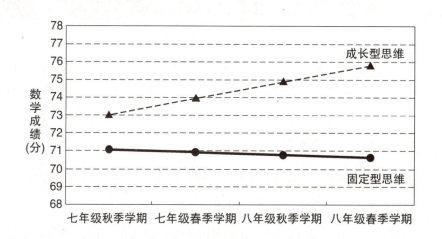

图 2-5　接受了成长型思维干预的学生（虚线）数学成绩一路攀升

（来源：取自参考文献 [13]）

在面向不同学生群体的干预研究中，研究者发现，处于学业挑战中的学生，更容易从成长型思维当中获益。例如：①处于充满压力的学业过渡期的学生（例如：小升初、初升高、大学入学等）；②长期在学业上被负面刻板印象困扰的学生（例如：女生等）；③有学业困难的学生。为了进一步提升干预的可操作性，干预课程被缩短成了只有 1 或 2 节的简短方式，这种干预模式设计精妙、高度程式化、容易由教师操作开展，收到了非常良好的效果。在第 6 章中，我们会详细地介绍这种经济高效的干预模式——单次干预（one-session intervention）。

从前面提到的发展历程来看，成长型思维概念的诞生具有非常坚实的心理学理论基础；同时，它之所以能在短时间内风靡全球，而且至今热度不减，是因为它不仅可以帮助个体提升心理健康和学业成就，还可以为教育界所关注的实际问题，提供有力的解决办法。**科学、有效，这就是成长型思维给出的答案。**

2.4 成长型思维的常见误解

随着成长型思维风靡全球教育界，一些质疑的声音也开始出现：一些教师和家长发现，即使采用了"成长型思维"的教育方式，学生的学习动机并未增强，学业成绩也未出现进步，这到底是怎么回事呢？**这是因为人们在看待和运用成长型思维时，往往会出现一些误解，使得成长型思维的积极效果大大降低，甚至可能达到适得其反的效果，对学生的动机和心理健康造成损害。**

在这里，我们指出这些常见的误解，并逐一澄清，希望能够帮助教师们防患于未然，避免成长型思维的误用，从而更精准有效地帮助学生们。

2.4.1 将成长型思维浅显地理解为表扬努力

把成长型思维和"表扬努力"等同起来是最常见的误解。这一误解来源于对德韦克团队"夸奖努力还是夸奖天赋"研究（见本书 1.3.2 小节）的过度简化的理解。该研究发现表扬儿童的努力过程，有助于儿童在挑战任务中保持动机、兴趣，并继续坚持。**但在传播的过程中，这一研究的结论被过度简化了，从对"努力过程"的表扬变成了对"努力"的表扬，以至于其内涵遭到了误解。**

学生的"努力过程"是学生完成问题解决的过程，不仅包括努力学习和练习，还包括有效的学习策略，在坚持过程中的自我调控，以及和同伴间的合作、学习中的求助行为等。如果我们只泛泛地夸奖努力，就会忽视学生在努力背后的学习和成长过程——例如掌握知识的策略、和同学间建立的友好合作关系、自我管理的方法等，这样将难以表扬到真正需要表扬的行为和态度。我们可以想象一下，如果学生默默地做了很多工作，但是我们的表扬只是一句"我看到你很努力"，这一定会让学生觉得"很敷衍"，甚至觉得不被理解。表扬努力最重要的点是要**"有观察、有细节"**，这样才能让学生相信我们的善意。

在中国文化环境影响下，学生们已经非常努力了，也很看重努力的价值——PISA2018 调查发现，来自我国四个省市（北京市、江苏省、上海市、浙江省）的学生每周学习时间高达 57 小时，仅次于阿联酋学生的 58 小时。不仅如此，有一些跨文化研究发现，整个儒家文化（包括中国、日本、韩国等国家和地区）均比较强调学业中努力的价值，无论是家长、学生，还是教师，均是如此。**"勤奋"已经深深地刻在了我们的文化基因中，表扬努力和坚持对中国学生而言是"老生常谈"，显然不是提升成长型思维最有效的方式。**PISA2018 调查还发现，虽然来自中国的学生学习成绩优异，但是学习效率远未处于世界前列，瞩目的成绩背后是有待提升的学习效率。因此，相对于努力，在当前的学校教育中，对有效的策略和方法的重视度还需要进一步加强，对于学业有待发展的学生，一种更为有效的表扬方式是鼓励有效策略，如合适的学习策略、学习计划，以及同学间的合作等。更多相关内容请见本书第 8 章。

2.4.2 误认为成长型思维能让我们达成任何目标

在实际教学中，有时会出现夸大成长型思维作用的现象，例如"你可以学会任何你想要的""我想要提升多少就能提升多少"，或者"只要策略和方法得当，任何学生都可以通过努力成为第二个爱因斯坦"。如果学生带着这种夸大后的成长型思维，遭遇了挑战和失败，那么他们的学习动机可能会受到严重的损害，也可能变成更严重的固定型思维。

使用成长型思维来帮助学生实现自己的目标，一个重要的原则是这个目标"宜小不宜大""宜近不宜远"：小的目标不仅能够增强改变的效能感和信心，还可以帮助学生更好地专注于手头的任务，从而稳步前进。与此同时，小的目标容易成功，正向反馈快，建立学习动机的正向循环较为容易。很多学生缺少学习动机是因为学习效益的反馈较慢，而设立小的目标可以减少这一问题。一个个小目标的实现，最终可以积累为大的成就。

在普适层面上，成长型思维坚信智力和能力是可以提升的，同时也必须客观地承认"天赋"的存在。换句话说，成长型思维认为每个人的智力和能力都可以通过自身的努力得到提升，但是提升的起点和上升空间各不相同。用一个形象的比喻来说，如果我们的人生是一场跑步比赛，那么成长型思维承认每个人的起跑线都是不同的，能跑多远也不同，跑步路线也不同，终点自然也更加不同。其中，起跑线是由"天赋"决定的，而能跑多远则是由自身的努力、方法等决定的。因此，成长型思维承认"天赋"，但更关注后天的努力可以把我们带往哪里。

2.4.3 误认为直接教授成长型思维的概念是效果最好的

许多刚开始接触成长型思维的教师都会遇到这样的困惑：我给学生讲了什么是成长型思维，为何学生的反响并不热烈？还有些教师们发现，直接教授成长型思维甚至会受到中学生（尤其是初中学生）的质疑，他们觉得老师"又来灌心灵鸡汤了"。为何会出现这样的现象？

答案是这样的：成长型思维属于信念，而信念天生抗拒改变，一旦学生们认为老师在试图灌输给他们一种叫成长型思维的东西、想改变他们的信念时，就会产生心理阻抗，课程就难以收到应有的效果。因此，有效的成长型思维课程通常会采用小组讨论、团体辅导、同学分享、校园文化墙等间接的且参与感强的方式（具体可见本书第3~9章校园文化部分），而不是采用直接教授的方法。成长型思维不宜直接教授，只宜在参与中逐渐内化。

2.4.4 误认为成长型思维是一种"心灵鸡汤"

或许有的人会觉得，既然提升成长型思维需要体验，那使用一些"心灵鸡汤"类型的励志活动让学生们有振奋、感动的体验，是不是就能够提升成长型思维呢？

答案是否定的。正如上文所言，成长型思维和固定型思维均属于信念，而改变信念不仅需要深刻的体验，更需要通过深度的理性思考，将成长型思维和自身实际做有效联系。**如果只有振奋、感动的体验，学生们在当时可能感觉良好，但由于缺乏深度的理性思考，使得成长型思维难于联系自身实际，因而其积极效果不能长久保持。**本章开头的案例中，张老师不尽如人意的第一次课程，就是一个典型的例子，也是一线教师们经常会遇到的情况。

在教育实践中，教师们可以通过以下方式有效提升成长型思维：**首先，提供成长型思维的科学证据。**从 20 世纪 80 年代末开始，有大量的科学研究，从实证分析、行为实验、现场干预、脑和神经科学等多种角度证实了成长型思维的科学性，教师们可以寻找相应的科学材料并在课堂中使用；如有需要，还可以和科学、生物等学科的教师共同备课，增加科学证据的趣味性和科学性。**其次，将成长型思维和学生自身实际做有效联系。**教师可以在提供成长型思维的科学证据之后，通过一些学生的讨论、分享活动、体验活动，将成长型思维和学生的自身实际联结起来。内化成长型思维绝不是靠"心灵鸡汤"所能完成的，而是需要足够的体验、反思和联系自身实际。

★ 思考

促进学生深度思考的问题样例

- 对你而言，你觉得什么时候最需要成长型思维？为什么？
- 你认为大脑在什么时候成长最为迅速？为什么？
- 如果你想把成长型思维讲给你的父母，你最希望讲哪些内容，为什么？

2.4.5 仅强调成长型思维的积极作用，忽视学生的基本心理需要

成长型思维真正打动学生的关键在于满足学生求知欲、自主性、归属感和自我价值感的需要，并在尊重学生上述基本心理需要的基础上，提供坚实、令人信服的成长型思维的科学证据，从而为学生赋能，达到激励的效果。**在成长型思维教育中，如果仅仅强调成长型思维的积极作用，而缺乏对学生基本心理需要的关注，那就不能称之为真正的成长型思维，更不能帮助学生解决实际学习中遇到的困难和挑战。**

在表 2-3 中，我们将呈现一些在师生沟通中的例子，这些例子都采用了成长型思维来进行沟通，但是左半部分是未满足基本心理需要的说法，右半部分则是满足基本心理需要的说法。相信在对比过后，教师们就可以发现差异——成长型思维必须要建立在尊重学生的兴趣、主动性、积极情感和顺应学生的基本心理需要的基础上激发学生的潜能，而不能仅仅强调成长型思维的积极作用，甚至仅仅用"成长型思维""固定性思维"的标签来评价学生。满足基本心理需要的沟通，不仅应体现在师生互动中，也应体现在课堂任务、作业安排、教师评语、考试评价、文化墙、标语、班级规范等校园文化的方方面面。

表 2-3　未满足基本心理需要与满足基本心理需要的师生沟通示例

类别	未满足基本心理需要	满足基本心理需要
求知欲 （兴趣、贴近生活、新知识）	"成长型思维这个概念很好，请大家把它的要点全部背诵下来，明天抽查默写。" "有成长型思维的人更容易成功！"	"你想知道你的大脑在听课、写作业和考试的时候发生了什么吗？" "这是咱们学校里很多学弟学妹们感到困惑的问题，大家认为怎样才能帮助他们呢？"
自主性 （自主和自我决定）	"只有培养成长型思维才能让你改变，你别犹豫了。" "我这是为你好，你一定要迈出自己的舒适区。"	"或许我们可以试试看这种新方法？" "你觉得什么才是适合你的方法？"
归属感 （作为有价值、受欢迎、且不被标签化的一员而被接纳）	"在七年级，只有那些有固定型思维的同学才会遇上很大的困难和挑战，他们的表现也是越来越差……" "学习没有动力，说明你现在是固定型思维，赶紧把自己转变成成长型思维。"	"90%以上的同学在进入七年级时或多或少都会遇上困难和挑战，有困难和挑战是很正常的事情。" "每个人都有成长的时刻，每个同学都有属于自己的'高光'时刻。"
自我价值 （尊重个人目标，看到目标背后的价值，避免贬损的评价）	"成为网络主播算什么目标？成长型思维是帮你干大事的，眼光别那么短浅。" "刚60分啊，那你最需要成长型思维了，笨鸟先飞嘛。"	"我有些好奇，成为一名网络主播对你而言似乎很重要，这是为什么呢？" "60分啊，快要接近你70分的目标了，你觉得这次你在哪些方面做得还可以？"

2.4.6　误认为提升成长型思维的活动和材料对所有人同样有效

这也是一种常见的误解。有些教师在教授成长型思维课程时，将适合小学生的成长型思维材料误用于初中，或是将适合北上广深等一线城市学生的材料，直接用于中西部乡村学校，或是直接翻译英文材料用于教学，以至于未收到预想的授课效果。将成长型思维用于课堂时，可以参考"3T"原则，即时机（time）、聚焦（targeted）和定制（tailored）的原则，来设计精准、合适、有效的成长型思维课程。

时机主要是指学生的发展阶段和目前的挑战、机遇等。例如，如果希望在成长型思维发展的关键期——初中时期开展成长型思维课程，可以在初一学生中结合校园适应问题，初二学生中结合自我、情绪和社会能力的发展问题，而在初三学生中结合考试压力应对问题，根据发展时机选择合适的主题。**聚焦**则是指要聚焦学生群体的人口学特点、文化和精神面貌等。例如，在流动和留守儿童群体中的成长型思维课程，可以聚焦为流动和留守经历提供积极的意义感，在北上广深等大城市进行的成长型思维课程，要更尊重学生的个性理解和表达愿望。**定制**则是指在深刻理解学生的基础上，对课程内容进行磨课、调整。例如，教师可以在本校学业评估和心理健康评估的基础上，挑出适合本校学生的焦点问题，设计出适合本校的成长型思维校本课程。在本书第6章，我们提供了单次成长型思维干预的设计流程，可供教师们参考。

2.4.7　误认为只需提升学生的成长型思维即可，忽略成长型教育环境的建设

在合适的时机，采用合适的课程活动，可以提升学生的成长型思维水平，能够让学生准备好成长和改变，但是还不足以提升学习动机、学习成绩以及促进心理健康。**教师还需**

要通过符合成长型思维的沟通方法、基于成长型思维的校园文化建设、符合成长型思维的课堂活动等，为学生提供发展成长型思维所需的环境支持，并在学习实践中，为学生创造运用成长型思维的机会。例如，在课程中加入成长型的课后反思，增加基于成长型思维的过程性评价，给学生提供改正答案的机会，或者鼓励学生探索创新等。只有这样才能充分发挥成长型思维课程和活动的潜力。

我们制作了一个成长型思维课程、活动产生积极效果的过程模型，以供教师们更好地理解，如图 2-6 所示。

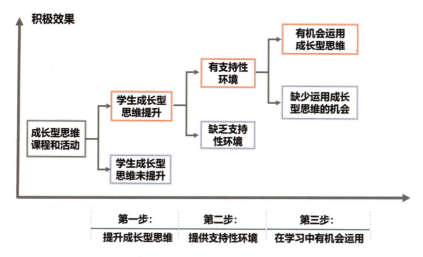

图 2-6 成长型思维课程、活动产生积极效果的过程模型

首先，如果成长型思维课程和活动有效，学生就可以提升个体层面的成长型思维，并处于改变的准备状态。其次，如果这时班级中有支持性环境，可供学生进一步发展成长型思维，学生就会尝试做一些小的调整和改变。例如，当教师鼓励学生使用成长型思维应对挑战，而周围的同学也不把失败当作能力不足的证明时，学生就有可能尝试一些有难度的题目。再次，如果这时在学科学习中，学生有机会（需要教师们在课程中刻意设计）运用成长型思维，来帮助自己坚持、刻意练习、学习新的策略、进行计划和反思、挑战有困难的任务、与同学们合作，或是将学习任务和个人目标相结合时，学生就可以将成长型思维迁移至学科学习中，最终提升学习动机和学业成绩。以有挑战性的 STEM 学习为例，初中教师们可以在课堂上设计反思环节，帮助学生回顾自己通过克服挑战而获得的成长和改变，以增强学生攻坚克难的勇气；而高中教师则可以将 STEM 学习与和学生的未来目标、职业期待相结合，将成长型思维的理念融入学生对个人价值的追求中，提升学生的学习动力。总而言之，成长型思维是一颗有潜力的种子，而种子需要好的土壤，才可以长成参天大树。

在接下来的内容里，我们将从思维（第 3 章）、行动（第 4 章）、资源（第 5 章）三大模块入手，分享如何有效提升学生的成长型思维，第 6～9 章则聚焦在提供支持性的成长型思维环境，并创造运用成长型思维的机会，从而一步步地帮助学生获得持久的成长和改变。

Chapter 03

第 3 章　成长型思维系列课程——思维模块

在"思维模式大不同"的课堂上，老师生动地介绍了成长型思维和固定型思维的概念，同学们都显得很兴奋，有的同学还和其他同学小声交流着看法。接着，老师向全班同学提问："在生活中，你遇到过具有成长型思维和固定型思维的人吗？"

A 同学迫不及待地举着手站起来说："老师，我！我就是一个成长型思维的人！比如这次期中考试，我的成绩不太理想，但没关系，我还能进步！"

此时，教室另一头的 B 同学出声反驳："你那不叫成长型思维，你那叫心大！"此言一出，立刻引起了班里同学们的哄笑。

A 同学有点不好意思了，嘟嘟囔囔地红着脸坐下了。

此时，老师开口了，她说："老师很高兴看到同学们都很喜欢成长型思维，也有自己的理解。其实，大家都知道 A 同学是非常积极、非常乐观的，这些也的确是成长型思维的核心特点之一。在此基础上，成长型思维还强调实实在在的努力，并且是'聪明地'努力……"

在讲授成长型思维的课堂上，教师常常会遇到类似的挑战：成长型思维是一个较为抽象的概念，学生会结合自己的经验形成自己独特的理解，有时也容易形成一些"误解"。如何能用学生接受的方式，尽可能准确地传达这个有点抽象的概念呢？这就是我们本章将要讨论的内容。

◆ 成长型思维系列课程是什么

本书中所讲的成长型思维系列课程是由本书主编北京师范大学心理学部林丹华教授领衔设计研发的一套以成长型思维为核心的课程体系。这套课程采用班级授课的形式，主要面向中小学生，帮助他们在科学、有趣、体验性强的课程活动中认识成长型思维、提升成长型思维、运用成长型思维，进而激发学生自主发展的内部动力，助力学生追寻积极发展的人生道路。

成长型思维系列课程的学术理论基础扎实,课程形式和内容贴近中小学生的学习和生活。课程内容经过多轮实践打磨后在多个地区的中小学校实施,受到了学生、教师和家长的好评。

成长型思维系列课程分为思维模块、行动模块和资源模块,如图3-1所示。本书的第3章、第4章和第5章将分别聚焦这3个模块,围绕课程内容和设计理念进行详细的介绍。

- 关注长期学习目标
- 细化短期学习计划
- 合理安排学习时间
- 坚持计划,完成目标
- 接纳并调节学业中的情绪

行动模块

- 成长型思维是什么
- 练习为大脑带来变化
- 用成长型思维看待努力——努力比天赋更重要
- 用成长型思维看待挫折——伟大的失败
- 用成长型思维看待挑战——跳出舒适区
- 用成长型思维看待他人成功——我可以学到什么
- 用成长型思维看待他人反馈和批评——看到不足而进步

思维模块

- 了解自身优势
- 运用自身优势
- 寻求外部支持

资源模块

图3-1 成长型思维系列课程的3个模块

◆ **为什么除了思维模块之外,课程中还设置了行动模块和资源模块**

培养学生的成长型思维是成长型思维系列课程的主要目的,但不是全部目的。课程旨在帮助学生培养成长型思维,并学会运用成长型思维来看待自己的学习、理想、兴趣、生活、人际等方方面面,从而使学生真正从中受益。

如果把整个课程比喻成一个有机体,那么思维模块是动力系统,行动模块是执行系统,资源模块是维护系统。可以看出,思维模块是其中的基础和核心,行动模块和资源模块需要在其基础上才能更好地发挥作用。其中,行动模块引入符合学生日常学习和生活的场景,帮助学生将成长型思维实践和运用到学习和生活的各个方面;资源模块为学生持续不断地使用成长型思维提供了内部和外部的支撑,使得学生在课程结束后仍能拥有足够的支持来继续践行成长型思维。3个模块的课程形成了一个完整的整体,使得课程内容更丰满、效果更坚实。

在实际的教学中,建议教师从教学实际出发,统筹课程的整体逻辑和顺序,将3个模块的课程有机地填充到学生的日常课程中。例如,可以在期中、期末等重要考试前后安排"挑战""失败和挫折"等主题的课程活动,抓住关键的教育场景,结合学生当下的体验,可以收到事半功倍的效果。

3.1 思维模块简介

在本节内容开始前,请你思考以下问题,并带着这些问题阅读本节的内容:
(1) 你认为,思维模块的课程应该达到什么样的效果?学生可能会产生怎样的变化?
(2) 为了达到这种效果,你认为思维模块的课程中最关键的一点是什么?
(3) 你还可以为思维模块的课程做哪些准备,以使得你的课堂更加有说服力?

3.1.1 思维模块由哪些部分组成

思维模块是整个成长型思维系列课程的核心和基础,是激发学生成长动力的"发动机"。思维模块的主要目标是帮助学生了解成长型思维、培养成长型思维,并在学习和生活中运用成长型思维。如图3-2所示,思维模块包含7个主题的内容:

主题1 "成长型思维的概念"是思维模块的核心部分,负责支撑起学生对于成长型思维的基本概念理解;

主题2 "成长型思维与脑科学"为成长型思维的概念提供了重要支撑,它将成长型思维与前沿、有趣的脑科学知识进行连接,帮助学生从科学角度深入理解成长型思维;

主题3到主题7是成长型思维在日常学习和生活中的应用,包括努力、挫折、挑战、他人成功,以及他人反馈和批评,共5个典型场景。

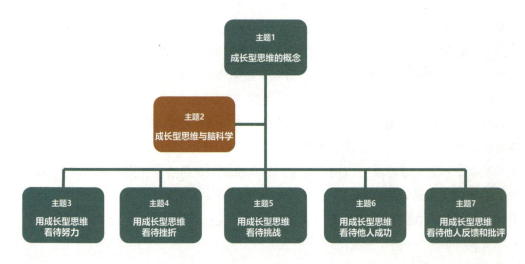

图3-2 思维模块课程关系示意图

3.1.2 成长型思维是否适合所有学生

首先,成长型思维是一个适用于所有人的概念。换而言之,无论多大年龄的人,都可以认识、理解、接纳和运用成长型思维,并从中真正获益。就像德韦克教授在她的著作

《终身成长》中提到的:"我相信……每一个人,无论是处在什么年龄或者什么情况下,都有实现自我改变的可能。"

其次,很多教育者都认同,年龄较小的儿童持有的成长型思维较多,而固定型思维较少。一名来自美国的教师玛丽曾在自己的课堂中进行过调查,她发现,几乎每个幼儿园的孩子都是成长型思维的代言人,但升入三年级后,却只有一半左右的学生偏向成长型思维,见表3-1。

表3-1 不同学段学生成长型思维和固定型思维的比例

学段	成长型思维	固定型思维
幼儿园	100%	0%
一年级	90%	10%
二年级	82%	18%
三年级	58%	42%

(来源:取自参考文献[6])

虽然这些数据来自一位教师在自己教育教学中的观察,但它确实反映了我们在日常生活中看到的大多数情况。这是因为,人类在生命初期就是以学习为目标的,从婴儿期的牙牙学语和姗姗学步,到儿童期对世界有问不完的"为什么",成长过程的本质就是"我要多多尝试,让自己变得更强",也正是成长型思维的本质。当一名幼儿写错字时,我们不会责怪他/她,因为我们知道他/她正在学习的过程中,犯错是学习的一部分。

但遗憾的是,随着年龄增长,我们对于孩子的要求也会迅速变化,错误开始变得难以容忍。从这时开始,孩子开始在意他人对自己的评价,开始害怕失败,开始对挑战抱着一种谨慎的态度;从这时开始,成长型思维在我们生活中的声音变得越来越小,固定型思维开始占据我们的大脑。正因如此,成长型思维的教育较早开始为好。

在学术研究和教育实践中,各个年龄段的学生都被证实是可以接受并应用成长型思维的。例如,一项于2018年发表的元分析研究显示,在世界各国开展的成长型思维干预研究中,接受干预的学生平均年龄为16.25岁。总体而言,研究者们更加重视中学生这个群体(包括初中生和高中生)。截至2018年,共有超过33万名中学生接受过各种类型的成长型思维训练,这一数字远超小学生和大学生,见表3-2。

表3-2 成长型思维干预研究群体分布

学段	人数
小学	8 118
中学(包含初中和高中)	332 240
大学	21 673

(来源:取自参考文献[42])

以上数据在一定程度上说明,青少年是培养成长型思维的最佳时间窗口。这是由青少年的心理发展规律决定的:青少年时期,大脑迅速发育变化,抽象思维的能力快速增强,开始能够理解成长型思维这类相对抽象的概念；同时，青少年时期始终伴随着对自我的理解和探索，因此能够也愿意去理解和反思自己的思维模式；另外，学业和社交等多方面的挑战在青少年时期集中到来，成长型思维可以帮助青少年在诸多领域更好地接受挑战并快速看到自己的变化。

3.1.3 面对不同学龄的学生，应如何开展思维模块的课程

在成长型思维系列课程中，可按照学生的年龄段制定小学低年级学段、小学中年级学段、小学高年级学段、初中学段等不同的版本，如图3-3所示。在第3~5章中所呈现的课堂活动通常可以直接应用于小学中年级学段到小学高年级学段的课堂中；经过改编后，也适用于其他学段的学生。第9章中所呈现的校园文化创设活动则基本适用于大多数中小学校。

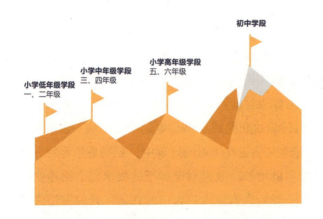

图3-3 成长型思维系列课程学段示意图

在不同学段开展成长型思维系列课程时，应把握如下原则：

首先，课程应在紧紧把握住核心内容的基础上，扎实围绕儿童青少年的生理和心理发展阶段特点进行设计。例如，根据皮亚杰的认知发展理论，小学高年级（五、六年级）正处于从具体运算阶段向形式运算阶段过渡的时期。这一阶段的学生开始能够运用相对抽象的方式思考事物的本质和关系，也能够进行一定的假设、推理、归纳和演绎等。根据该学段的这一特点，教师可以采用相对抽象的方式讲解成长型思维这个概念，突出成长型思维和固定型思维这两个概念之间辩证统一的关系（即二者既具有对比性，也具有连续性）。

其次，根据各阶段的学业特点、社交特点，选取最主要和最突出的学习和生活场景，结合成长型思维进行讨论。例如，在小学中年级（三、四年级），学业难度普遍上升，作业和考试都不再像小学低年级（一、二年级）那么简单，学生会经历一个相对吃力的"爬坡期"，因此建议将"努力""挫折"和"挑战"作为小学中段课程的主题场景。

最后，在相同的主题中，也应根据不同学段学生的理解能力和兴趣点来设计课程的深度和形式，以达到最佳的效果。例如，在小学低年级学段，课程会采用拟人化的形式来讲

解思维模式，帮助学生理解概念；而到了初中学段，课程不仅会采用接近成人思维的方式来讲解成长型思维，更会让中学生们充分发挥自主性，在各类创新活动中充分交流自己对于思维模式的理解和认识。

3.2 思维模块课程内容

思维模块是成长型思维系列课程的核心模块。通过体验思维模块中的课程活动，学生将对成长型思维形成一个理性和感性兼备的全面认识，并且能够结合自己的日常学习和生活场景来思考和讨论成长型思维，进而促进成长型思维在实际生活中的应用。

3.2.1 第1课 成长型思维的概念

在思维模块中，我们首先介绍成长型思维这个对于绝大多数学生来说比较陌生的概念。就像我们在第1章中所阐述的，成长型思维的概念来源于心理学的学术研究，它的核心内容比较抽象。因此，在面向学生教学的过程中，教师要根据学生情况对概念稍作简化，并用尽量形象化的方式进行讲解和呈现。

◆ **教学生成长型思维，是不是给学生讲讲道理就行了？**

就像我们在第1章中论述的那样，成长型思维是一种认知问题的方式，存在于人们的思维层面。但在培养和提升学生成长型思维的过程中，认知层面的变化需要通过课程加以外显，才能够让教师看到学生"看不见、摸不着"的思维模式是否真正产生了变化。说教是一种灌输认知的方式，但是一种相对低效的方式，尤其在特定年龄段，学生容易对说教的形式产生逆反心理，反而不利于课程内容的传达。

在课程中，我们结合了大量教育心理学中的教学规律，用开放式提问、引导、辩论等多种学生感兴趣的方式来进行成长型思维内容的传达；同时，还借助了小组讨论、海报、汇报等多种形式让学生将自己的认知进行外显化的输出，帮助教师来了解学生对于成长型思维的理解程度和接受程度。

★ **小活动** ★

成长型思维海报

- 请学生制作一张属于自己的成长型思维海报，上面可以呈现（但不限于）自己的成长型思维金句、成长型思维故事、成长型思维偶像、经历过的最有价值的挑战等。用彩笔和彩纸装饰这张海报，也可以让学生在电脑上设计电子版海报。

- 海报完成后，可以在班级黑板报、学校布告栏、公众号等平台上进行展示，在班级、校园内创造成长型思维的学习氛围。

◆ 如何帮助不同年龄段的学生准确理解成长型思维?

对于不同学段的学生,对成长型思维的讲解方式也要有所不同,尤其是对于概念本身的讲解,需要基于该年龄段的认知特征进行。从学生的心理发展水平来讲,小学高年级会达到思维能力发展的一个关键转折期,在这个阶段,学生的思维开始从形象水平向抽象水平过渡,教师在授课时可以逐渐减少学习内容中比较外部的、直观的部分,而逐渐增加相对抽象、本质的内容。

因此,小学高年级的学生能够比较准确地理解成长型思维和固定型思维这样的抽象概念了,在小学高年级及更高学段的课程中,课程会对成长型思维的概念进行相对全面和深刻的讲解;而在小学低年级和小学中年级,我们则更加注重对概念进行简化和形象化的处理,来帮助学生建立对于成长型思维的积极情感,并不严格要求学生深刻地理解成长型思维的概念本身。

1. 活动要点

在接下来的每节课程活动中,活动要点都是由浅显到深入排列的。例如,在本节课中,要点 1 是对成长型思维的最基础的理解,包含了成长型思维最为核心的内容;要点 2 则在要点 1 的基础上,增加了固定型思维的概念,并且对比了两种思维模式在成功和失败时截然不同的反应,帮助学生对成长型思维建立更加深入和立体的理解;而要点 3 的讲解则需要学生具备一定的辩证思维,即用固定型思维作为对照,为学生理解成长型思维提供一个框架,是小学高年级及以上才能够理解的内容;要点 4 则帮助学生在面对思维模式时,建立一种现实、理性的态度,防止学生对于两种思维模式有"非黑即白"的理解和过于绝对化的情感好恶。

在实施思维模块的课程活动前,教师可以根据学生的学段和具体学情,从以下要点中选择一个或多个,围绕这些要点来设计课程内容和活动,见表 3-3。

表 3-3 本课活动要点

要点 1	成长型思维是相信自己可以进步/提升/变得更好的一种信念。在面对一个情境时,成长型思维总在寻找其中积极的部分,把它变成提升自己的机会
要点 2	固定型思维是相信自己无法进步/提升/变得更好的一种信念。在面对成功情境时,固定型思维认为是自己天生优秀;而在面对失败情境时,固定型思维认为是自己天生不行
要点 3	成长型思维和固定型思维是一对彼此对应的概念。它们就像反义词,成长型思维的反面就是固定型思维。 在高学段,可以根据学生的理解能力,增加"成长型思维和固定型思维是一个连续体的两端"这个知识点
要点 4	我们每个人身上都会有成长型思维,也会有固定型思维,它们会在不同的时间、情境中出现。我们可以通过努力来培养自己的成长型思维

2. 活动方案

在本部分,我们针对部分思维模块的主题提供具体的活动方案。这些活动方案大多需要 20 分钟到 40 分钟时间，可以作为一节课的主体活动在小学中、高年级的课堂上开展。建议教师在活动的基础上，根据学校和学生的实际情况进行调整，使得活动内容更加贴合教育实际，为更多的学生服务。

活动名称：思维模式大不同

（1）活动目标

1）认知目标：理解成长型思维和固定型思维的概念与区别。

2）情绪目标：对成长型思维产生积极情绪，愿意让自己更加靠近成长型思维。

3）行为目标：能够通过卡片游戏正确分辨两种思维模式，并结合自己的生活实例说一说思维模式在自己学习和生活中的体现。

（2）活动材料

1）思维模式卡片：制作一套扑克牌尺寸的卡片，其中包含 7 张成长型思维卡片和 7 张固定型思维卡片，卡片内容相互对应，具体可参考表 3-4。同时准备一些相同尺寸的空白卡片。

表 3-4 思维模式卡片内容示例

成长型思维卡片	固定型思维卡片
在课堂上回答错了问题仅仅说明我还没掌握这些内容	在课堂上答错问题实在是很尴尬
考试是一次检验我学习成果、让我及时查漏补缺的方式	考试成绩就是学习成果的最好体现

2）课前准备：上课前，随机抽走每套卡片中的 2 张成长型思维卡片，替换成 2 张空白卡片；保证每套卡片由 5 张成长型思维卡片、7 张固定型思维卡片和 2 张空白卡片组成。

（3）活动过程

1）分成小组，发放教具。

组织学生分成 4 人一组，给每组发放一套"思维模式"卡片（共 14 张，包括 5 张成长型思维卡片、7 张固定型思维卡片和 2 张空白卡片）。

2）讲解卡片游戏规则。

- 组员把空白卡片拿出去，暂时放到一边。
- 将剩下的卡牌牌面向下，洗牌，然后每个人随机抽取 3 张。
- 每个人依次把自己的 3 张牌上的内容读给其他组员听。

3）学生分组开展卡片游戏。

（a）任务一：猜拳、交换卡片

- 请组员两两之间进行猜拳（石头、剪子、布），赢的一方可以选择与输的一方交换一张卡片——即赢的一方可以把一张不想要的卡片交给输的一方，并且从输的一方手里拿走一张自己想要的卡片。交换完毕后，每个人手里仍保持 3 张卡片。
- 在各组都进行 2 至 3 轮交换之后，暂停活动，并邀请几位学生分享一下自己的"战果"和感受。可以用以下问题来引导学生:"你赢了几次/输了几次?""最喜欢哪张卡片?为什么?这张卡片还在手里吗?"等。这一轮分享以游戏心情为主,将对卡片内容的深入讨论留到后面环节。

(b)任务二:将卡片进行配对
- 请组员将组内所有卡片集中到一起,根据卡片内容,共同尝试为卡片进行两两配对。
- 在各组基本都配对完成后(通常学生们都完成得很快),宣布进入下一个任务。

(c)任务三:改写固定型思维卡片上的内容
- 请组员将未能成功配对的2张固定型思维卡片找出来,并在2张空白卡片上将固定型思维卡片上的内容改写为成长型思维的内容。注意:改写没有标准答案,1张卡片上可以写多个句子,小组内集思广益,改写得越多越好。
- 在各组基本都写了3~5条时,宣布活动结束,同学们从小组状态回到课堂状态。

4)学生分享活动感受和收获。

邀请几个小组代表分享本组在空白卡片上所写的内容,根据内容提出一些问题,引导学生说出自己对于成长型思维和固定型思维的理解、体会和收获。对于学生的分享应抱有开放性和包容性,尝试从每位学生的每个表达中寻找值得肯定的点,并不断有意识地将其和成长型思维相联系,以巩固学生对于成长型思维概念的正确理解。

(4)设计思路

本节课围绕成长型思维和固定型思维的核心特点,设计了一一对应的卡片道具,为学生提供了一个充满趣味的、学习两种思维模式的一种形式。为了更好地帮助学生理解并增加趣味性,课程设计了3种不同的卡片玩法:交换、配对和改写。这3种玩法规则简单,层层递进,具有一定的竞争性和参与性,符合学生的认知和兴趣规律。

在实际教学中,学生都非常喜爱这个活动,能够快速提起兴趣并投入其中。对于教师来说,课堂上的主要挑战来源于每个环节的时间把控和游戏结束后的学生注意力把控,因为学生一旦投入游戏就容易"意犹未尽",很难在教师提示时立刻停下来,也很难在游戏环节之后集中注意力倾听其他同学的发言分享。教师可以选择通过敲铃来"令行禁止",也可以通过延长活动时间来让学生玩得更加尽兴。

3. 常见问题与解答

◆ 学生把成长型思维理解为阿Q精神,怎么办?

当发现学生有这样的误解时,你一定要在课堂上及时针对这种误解进行解答和阐述,以防学生带着误解离开课堂。你可以这样回应:

成长型思维不等于阿Q精神。首先,阿Q精神出自鲁迅先生的作品《阿Q正传》,指的是一种精神胜利法,简言之,是在失败与屈辱面前,不敢正视现实,而使用虚假的胜利来在精神上实行自我安慰,自我麻醉。而成长型思维和阿Q精神最大的不同在于,成长型思维正视现实,无论现实是成功或失败,都以现实为基础,认真分析自己的得与失,从中获得进步和成长的机会。因此，成长型思维不是阿Q精神；相反，它是一种科学、实际的面对失败的方式，能够帮助我们解决现实世界中的问题，提升自己的能力。

◆ **学生简单而绝对地认为"成长型思维就是好的，固定型思维就是不好的"，我是否需要纠正这种想法？**

虽然课程的目标是希望学生对于成长型思维建立一种积极的情感态度，但这种简单绝对的好恶不利于学生成长型思维的培养，容易使其在实际生活中陷入"牛角尖"和"死胡同"。当发现学生有这样的想法时，你可以这样回应：

成长型思维和固定型思维虽然是"正反面"的关系，我们也鼓励大家多多使用成长型思维。但是，固定型思维也不是十恶不赦的。

首先，世界上没有只有成长型思维的人，也不存在只有固定型思维的人，我们每个人都同时拥有这两种思维模式。所以，固定型思维和成长型思维一样，在生活中是很正常，也是很常见的。大家可能不只会在自己身上发现固定型思维，还会在老师身上、爸爸妈妈身上、甚至自己很崇拜的人身上看到固定型思维。固定型思维就像是影子，时常伴随在我们的生活中。

其次，我们在培养自己成长型思维的过程中，有时候会发现，自己身上的固定型思维有点根深蒂固，有点难以改变。此时也不用感到沮丧和气馁，因为任何改变都需要时间，就像我们浇灌的树苗不可能一夜长大，成长型思维也不会在一夜之间完全占据我们的头脑。重要的是，我们在不断地朝着这个方向努力。所有人都可以通过不断学习、不断尝试来提升自己的成长型思维。

最后，世界上没有任何一个人是完美的"成长型人"，只要我们朝着这个方向努力，只要我们每天都努力让自己成长一点，就是好的。

3.2.2　第2课　成长型思维与脑科学

在学习了成长型思维的概念后，我们建议为学生介绍成长型思维背后的脑科学知识，这将有助于巩固学生们对于成长型思维的理解和信念。这是因为，脑科学知识能够从科学的角度佐证成长型思维的正确性；尤其是"大脑可塑性"这种现象的存在，有力地说明了我们的努力和练习是可以让大脑发生实实在在的变化的。

在以往的研究和教学实践中，这种"努力可以让大脑变聪明"的科学事实本身非常打动学生，因为他们正处于对各类知识快速学习的年龄，对科学知识抱有极高的好奇心，因此对脑科学知识感兴趣、吸收快、接受度高。教师要抓住学生对于科学知识的好奇与兴趣，通过脑科学知识的学习潜移默化地巩固学生对成长型思维的认识。

◆ **大脑可塑性是本节课的核心概念。**

在思维模块的课程中，我们的脑科学主题课程通常以讲解大脑可塑性为主要目标。为帮助学生准确地理解这一概念，可以选择以一些有趣的脑科学科普知识作为辅助。在课程中，我们采用视频、图片、实验结果等直观的素材来呈现大脑可塑性这个相对抽象的概念，并选用手工、绘画等有趣的方式让学生呈现自己对这个概念的理解。这一课通常需要教师提前进行一些脑科学方面知识的准备，但在实际教学过程中，建议教师将更多重点放在提升课程的趣味性上，例如采用视频、科学文章等多媒体材料来讲解，以免课堂变成无趣的知识宣讲课。

关于大脑可塑性这个概念，我们在本书2.1节中已介绍过。大脑可塑性的本质是神经元之间不断建立连接，而神经元之间形成连接的过程正如同鲁迅的那句名言所说："世界上本没有路，走的人多了，就变成了路。"如果说形成新的神经通路就如同初次穿过一片未被探索过的森林的话，那么当我们越多地思考、练习这项技能时，对应的这条神经通路就被走得越频繁，路就越宽，挡在路上的障碍也越少，最终形成一条宽阔而高效的通路。有了这些通路作为支持，我们的大脑也就变得越来越聪明。

1. 活动要点（见表3-5）

表3-5 本课活动要点

要点1	大脑是我们身体中的"最高司令官"，它控制着我们的想法、行为、情绪
要点2	大脑是由非常多的神经元细胞组成的，这些神经元就像是电脑里的基础元件，它们之间的连接情况决定了大脑聪明与否——神经元之间的连接越多，大脑就越聪明
要点3	我们可以通过努力来增加自己大脑里的神经元连接。每当我们努力反复练习一件事，或挑战自己不熟悉的任务时，神经元都会活跃起来，建立新的连接。练习和尝试的次数越多，连接的数量也越多，大脑也就越聪明

2. 活动方案

活动名称：大脑健身房

（1）活动目标

1）认知目标：了解大脑和神经元的基本知识，知道学习和练习可以使神经元建立稳固连接。

2）情绪目标：产生希望自己的大脑变聪明的愿望，对学习和练习产生更多积极情绪。

3）行为目标：增强通过学习和练习来锻炼大脑的动力。

（2）活动材料

1）制作神经元模型所需的手工材料：每组1套，可包含彩纸、剪刀、毛线、吸管、胶水等。

2）软尺：学生制作完神经元模型后，教师测量长度时使用。

（3）活动过程

1）说明活动规则。

以 4 人小组为单位，用手工材料尽量多地制作神经元模型，并且让这些模型尽量稳固地连接在一起，做好后将对各组的作品进行测量和比拼，模型形成的链条越长、越牢固越好。在这个活动前，教师可以简单讲解大脑可塑性的概念、神经元连接发挥的关键性作用等内容作为背景知识。

2）形成小组，发放教具。

给每组发放 1 套手工材料，并叮嘱学生安全使用剪刀。

3）学生制作模型。

学生使用材料制作神经元模型，并将模型尽量多、尽量坚固地连接在一起，形成链条状。在制作过程中，可以在 PPT 上呈现一个标准的神经元结构图像作为参考，如图 3-4 所示，请学生在此基础上自由发挥创造力制作模型。不苛求学生制作的模型多么精致、多么具象，只要具备神经元的基本结构特征（一个圆形的细胞体＋一个长长的轴突）即可。在组间巡视指导时，教师要将重点放在神经元的连接上，反复向学生重申制作的链条越长、越坚固越好。各组大概制作了一定长度的模型后，即可宣布活动结束。

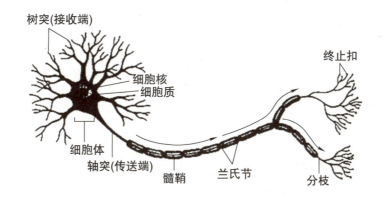

图 3-4　神经元结构图示例

（来源：取自参考文献 [10]）

4）小组比拼。

邀请各组学生代表依次将本组的作品带到讲台上，由教师从长度、坚固度两个角度对作品进行评分。模型的长度用软尺测量，稳固度可以用两手各执一端轻轻拉扯并感受其稳固程度并评分（1~5 分），然后将各组长度和稳固度分数在黑板上进行记录。所有小组测量结束后，根据黑板上的数据，分别宣布模型"最长"和"最坚固"的 2 个优胜小组。邀请优胜小组代表分享经验和感受，重点引导学生复习"努力练习可以增加神经元连接、使大脑变聪明"这个关键知识点。

（4）设计思路

本活动的设计将大脑可塑性这个相对抽象的概念转化为手工制作这一具象、有趣的活动形式，并通过设置活动规则（链条越长、越坚固的小组获胜）来向学生强调"努力让神经元形成连接，进而使得大脑变聪明"的关键知识点。

在开展活动前，教师可以对学生的脑科学知识了解程度进行摸底。进行摸底的原因有二，一是避免在课堂上采用一些学生已经知道的、无法引发学生兴趣的材料；二是在教授过程中，可以邀请对大脑比较了解的学生作为小老师，展示才华，带动其他学生。可以在课前通过以下问题或作业来摸底：

- 关于大脑，你都知道哪些？
- 你在学校或课外学习过和大脑相关的知识吗？
- 请你在纸上画出你对大脑的理解。

在实际教学中，学生对制作神经元的活动形式非常感兴趣，并且能够很好地发挥创造力，制作出各式各样有趣的神经元模型。在制作模型的过程中，学生通常需要先对神经元的外形进行理解和简化，并开动脑筋集思广益，用各种方式使得模型连成的链条尽量长、尽量坚固。

教师可以增加一些辅助的活动规则，例如至少使用5个神经元模型连成链条状，以防止有的小组制作单个长度长、但个数很少的神经元模型。建议教师提前说明，或在发现类似情况时提醒全班同学。

活动结束后，教师需要进行分享总结，肯定学生在制作过程中付出的努力、想出的办法，尤其要将学生的注意力从手工模型引导回归到本节课的关键知识点上，不要让课程本身沦为一节单纯的手工课。

（5）相关研究

研究发现，给学生讲解大脑可塑性知识（而不直接讲解成长型思维这个概念），就能够使学生的成长型思维得到提升。这说明大脑可塑性知识本身就能够很好地改变学生对于智力和能力的看法，更加认可努力可以带来智力和能力的提升。

3. 常见问题与解答

◆ **学生提出了一些专业度很高的关于脑科学知识的问题，我回答不上来怎么办？**

这节课通常会引起学生很高的兴趣，在学习过程中，学生可能常常会提出一些关于脑科学的专业问题，你可能暂时无法解答。在这种情况下，你应当：

首先，肯定提问学生具有爱思考的优秀品质，也坦诚地向学生承认自己暂时无法解答这个问题，并向全班同学征集问题的答案。如果有学生提供了相关信息，则肯定这名同学的博学，感谢他/她为大家答疑解惑；如果学生们都不了解相关信息，那么你可以鼓励这名提问的同学在课余时间查阅相关资料，如果找到了，请这位同学在之后的课程里分享给全班。

在课后，你应当利用备课时间查阅一些相关资料，在下一节课对这名学生的问题做出回应。这样做既是对学生的尊重，也给自己带来了教学相长的专业提升，更是一次培养自己成长型思维的绝佳机会。

3.2.3　第3课　用成长型思维看待努力

从本节课开始，课程的主要目标就不再是讲解概念，而是帮助学生熟悉和掌握成长型思维在不同场景中的表现和应用。在这几个主题的课程中，通常会先引入特定的场景主题（如努力、挫折等），引导学生体会该场景带给自己的感受、想法和行为，再将成长型思维引入该场景，帮助学生体会成长型思维带来的不同感受、想法和行为，激励他们在实际生活中做出相应的尝试。

◆ **成长型思维下的努力有什么不同？**

有很多人在了解到成长型思维的核心——相信智力和能力可以通过努力得到提升之后，便认为成长型思维不过是给"你要勤奋"的说教换了一层外皮而已。这种理解对吗？

在中国儒家文化影响下，"努力"是一个几乎伴随我们千年的精神内核，但这种精神更加强调努力中"勤"的部分，很少关注到努力中"巧"的部分——用心理学的语言来说，"巧"指的就是努力中的策略和方法，如精细加工、计划和反思等。而成长型思维中对于努力的理解则是"勤"和"巧"并重。

用一个比喻来说，成长型思维将努力看作是一个向量，既有大小（努力的程度），也有方向（努力的方式）。例如，唐宋八大家之首韩愈有一句世人皆知的名言"书山有路勤为径"，这句话强调的就是努力的程度，告诫年轻人只有把功夫下足才有可能摸索到知识的门路；而同样位列唐宋八大家的欧阳修则强调"任其事必图其效，欲责其效，必尽其方"，意思是担任某项工作时，必须要追求工作的成效；而想要求得工作的成效，则必定要用有效的方法。在这里，韩愈和欧阳修分别诠释了努力的两个重要方面——努力的程度和努力的方法，这两者在成长型思维中同样重要，相辅相成，缺一不可。只强调努力的程度容易将人引入"闭门造车"的歧途，白白浪费许多精力；而只强调努力的方法则仿佛"纸上谈兵"，缺乏脚踏实地的实践，也难达成效果。

因此，成长型思维虽然看上去是一个非常浅显易懂的理念，但内里蕴含着丰富而扎实的心理学内涵，只有真正愿意探究其中的人才可以得其真谛。作为希望学生从成长型思维中真正受益的教育者，相信你可以把握住这个核心要点，并传达给学生。

◆ **关于努力，每位学生都有很多想说的。**

为了帮助学生更好地将思维模式落实到具体的场景中，建议教师更多地选用情景剧、角色扮演、编写剧本等模拟活动来组织课堂。教师在这类课堂中往往扮演"退居幕后"的角色，不过多地给学生讲道理，而是把时间留给学生来交流、思考和呈现。

1. 活动要点（见表 3-6）

表 3-6　本课活动要点

要点 1	成长型思维认为努力比天赋更加重要，所有人都可以通过努力让大脑变得更聪明、让自己变得更加优秀；固定型思维认为努力是没有价值的，如果天生擅长的话则不需要努力也能做好，如果天生不擅长就再怎么努力也做不好
要点 2	努力不仅仅要下功夫，也需要正确的方向和方法，否则容易做无用功

2. 活动方案

活动名称：努力宝藏

（1）活动目标

1）认知目标：通过自己的经验和他人的分享，了解努力学习的有效方法。

2）情绪目标：对努力产生积极情绪，愿意在学习中付出努力。

3）行为目标：能结合自己和同学的经验，总结出克服困难持续努力的方法并践行。

（2）活动材料

1）"努力宝藏"海报：每组 1 张，建议以 A2 尺寸印刷。设计样例见图 3-5。

上课前，你可以根据学情总结学生们希望努力的主题，并填写在各组海报的中心。可以参考以下内容：

- 如何努力练好字？
- 如何努力学好语文？
- 如何努力学好数学？
- 如何努力学好英语？
- 如何努力练好速算？

2）星形贴纸：每人 5 张，最好保证小组之间不同色，便于区分海报上的投票结果。

（3）活动过程

1）学生分组，发放教具。

学生形成 4 人小组，给每组发放 1 张"努力宝藏"海报，海报中心写一个特定的努力主题（例如：如何努力练好字？）。

2）说明活动规则。

请学生根据本组海报上的主题，集思广益，尽量多地写出努力的方法，填入海报上所绘的各类"宝藏"中。例如，对于"如何努力练好字？"的主题，学生可以写"练习硬笔

图 3-5　"努力宝藏"海报设计样例

书法字帖""写字时端正坐姿"等。写得越多越好。

3）学生分组完成海报。

各组学生完成本组的海报。在大多数小组基本完成时，宣布活动结束。巡视的过程中，可以给每名学生发放 5 枚贴纸，用于稍后的投票环节。

4）海报展览评选。

各组学生将本组的海报贴在墙上（如空间不够，也可以用磁贴固定在黑板上、放置在课桌上等），供其他同学浏览。每位同学可以任意浏览别组的海报，将自己的贴纸贴在自己喜欢的努力方法的旁边（如无贴纸，也可以用彩笔画五角星）。同时，请每位同学至少找到一个对自己有帮助的努力方法，记录下来。所有学生投票结束，统计得票最高的努力方法，表彰该小组。

（4）设计思路

本节课采用海报的方式，帮助学生集思广益，收集和吸取对于学习有帮助的努力方法。活动不是浅层次地流于对努力重要性的讨论，而是更多地聚焦于努力的正确方法，对学生的学习有较为直接的帮助。活动形式新颖有趣，海报呈现效果丰富，可以在班级内长期保留和展览。

在实际教学中，学生对于活动很感兴趣，但有时会出现不敢下笔、进度较慢的情况。教师的任务就是清晰简明地讲解海报的填写方法，最好能够用一个例子来示意。在学生填写的过程中，鼓励学生敢于下笔、答案不分对错，向学生强调不需要小组成员一致同意才能写，每个人都可以在海报上写自己想写的内容。在评选的过程中，教师应提供自己的意见，把握讨论的方向，以引导学生对努力有一个正确的价值导向。

评选结束后，教师在点评高分努力方法时，要注意与成长型思维相联系，回归课程主题，强调努力本身的价值以及正确方法的重要性。例如，教师可以从海报上挑选一些写得比较有效或比较新颖的努力方法，将这些方法比作我们学习过程中的有效工具。所谓"工欲善其事，必先利其器"，在这些正确方法的指导下，再下足功夫，大脑里的神经元就在不断地强化彼此之间的连接，大脑变强了，我们的能力也就得到了提升。

3. 常见问题与解答

◆ **学生说"我再怎么努力也不会变成爱因斯坦那样的天才""有的人就是天生比较聪明，不怎么学就能考得比最努力的人还好"，我该怎么回应？**

首先，你应当肯定学生认真听讲、认真思考。

然后，你应该坦言，天赋在生活中是真实存在的，现实中很多人确实在很多方面天生就强于其他人，比如爱因斯坦对于物理概念的想象能力，比如莫扎特对音乐过耳不忘的记忆能力和远超他人的作曲才华，比如优秀运动员在运动项目上的天赋，等等。这时，可以让学生自己举出一些这种例子，以增强他们的参与感，也体现出你对于学生观点的尊重和包容。

接着，你需要承认，成长型思维并不意味着任何人通过努力都可以达到任何高度，这是不现实的；成长型思维也不鼓励你事事都和其他人比较。相反，成长型思维强调的是，你可以通过合理的目标和不懈的努力来拓宽自己的可能性，不断超越自己、成为更好的自己。"变成一个更好版本的自己"，这个目标本身就足够值得追求。

最后，你应当帮助学生把目光放得更加长远，未来几十年的人生就仿佛一场马拉松，不看某一段谁跑得快，而要看最终谁跑得远。因此，不要将目光完全局限在一时一事上的胜利，而应始终盯紧自己的长期目标，坚持不懈，努力取得自己人生的好成绩。

3.2.4　第 4 课　用成长型思维看待挫折

◆ 绊脚石还是垫脚石？

面对挫折和失败时的反应，是辨别一个人是否具有成长型思维的关键时刻。在现实生活中，很少有人能够真正做到面对挫折和失败还兴高采烈，因为这不符合我们人类的本性——每个人都有保护自我价值的基本需求，而挫折和失败常常威胁到了我们对于自己的评价。

成长型思维对于挫折和失败能够采取一种相对积极的态度。但这种积极并不是"阿Q精神"，不是对挫折和失败视而不见，不是抱怨不公平，也不是找借口让自己好受一点。相反，成长型思维把挫折和失败看作学习的好机会，因为这里面确实蕴含着重要的信息——我的努力为何没有带来理想的结果？是采取的方式不正确？是努力的程度不够？是我对于这件事的态度不恰当？还是我没有找到正确的资源来帮助我？这些信息正是帮助我们成长的重要方面，是我们在成功和顺利的时刻往往不会注意到的。

当然，挫折和失败还是会带来难过的情绪，带来沮丧、失落、挫败感。成长型思维接纳这些情绪。只是，在沮丧之后，只有透过成长型思维来看这次的挫折和失败，才能够帮助学生看到平时忽视的方面，为自己接下来的努力增加新的目标和可能性。因此，成长型思维之下的挫折和失败，都不再是绊脚石，而是成长道路上的垫脚石。

1. 活动要点（见表 3-7）

表 3-7　本课活动要点

要点 1	成长型思维将挫折看作成长的好机会，从中认真吸取教训，从而帮助自己下次做得更好；固定型思维将挫折看作一锤定音的失败，是很丢脸的事情，认为自己天生就不擅长这件事，未来也拒绝再次尝试
要点 2	成长型思维的人遇到挫折也会有沮丧、失落的情绪，但不会沉溺于其中太久，而是会尽快走出阴霾、吸取教训
要点 3	成功的人常常是先经历失败（甚至很多次失败），并且从中吸取了宝贵的教训之后，才取得成功

2. 活动方案

活动名称：伟大的挫折故事会

（1）活动目标

1）认知目标：理解成长型思维如何积极看待挫折。

2）情绪目标：减少学生对于挫折的消极情绪。

3）行为目标：能够结合自己的经验和目标，制订出挫折应对计划。

（2）活动材料

1）“伟大的挫折故事会”小组作业纸：A4 尺寸，每组 1 份。设计样例见图 3-6。

2）“伟大的挫折”个人作业纸：A4 尺寸，每人 1 张。设计样例见图 3-7。

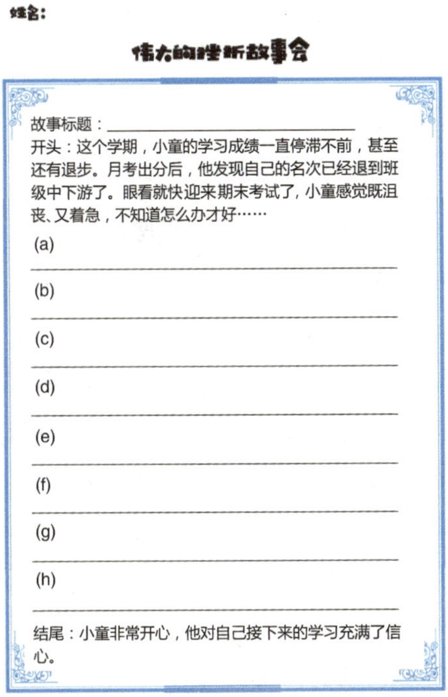
姓名：

伟大的挫折故事会

故事标题：

开头：这个学期，小童的学习成绩一直停滞不前，甚至还有退步。月考出分后，他发现自己的名次已经退到班级中下游了。眼看就快迎来期末考试了，小童感觉既沮丧、又着急，不知道怎么办才好……

(a)

(b)

(c)

(d)

(e)

(f)

(g)

(h)

结尾：小童非常开心，他对自己接下来的学习充满了信心。

图 3-6　“伟大的挫折故事会”小组作业纸设计样例

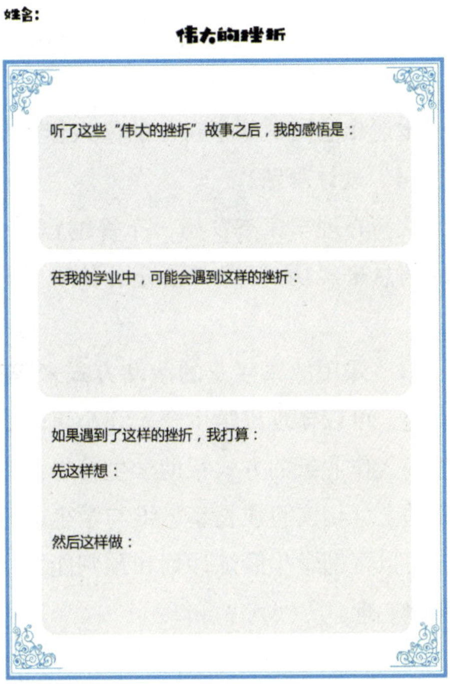
姓名：

伟大的挫折

听了这些“伟大的挫折”故事之后，我的感悟是：

在我的学业中，可能会遇到这样的挫折：

如果遇到了这样的挫折，我打算：

先这样想：

然后这样做：

图 3-7　“伟大的挫折”个人作业纸设计样例

（3）活动过程

1）形成小组，发放教具。

学生形成 4 人小组，给每组发放 1 张“伟大的挫折故事会”小组作业纸。

2）讲解小组作业纸完成规则。

作业纸上写好了一个故事的开头和结尾（故事内容是学生在学习和生活中常见的挫折情境），中间有 8 行空白用于续写剧情。请小组中的 4 个人每人轮流续写 1 句，共写 2 轮，共同完成这个故事。学生可以尽量按照自己的意愿来填写句子，但故事整体必须符合成长型思维的理念，并且具有较为连贯的逻辑性。对于不符合要求的小组，教师可以取消其向全班分享的机会。

3）小组完成作业纸。

巡视指导，不断强调故事写作的规则。在大多数小组完成时，宣布活动结束。

4）学生分享故事、收获和感受。

邀请几个小组代表分享本组所写的故事，并分享写作过程中的收获和感受。在学生分享过程中，帮助学生巩固对于成长型思维的理解和体会。

5）发放"伟大的挫折"个人作业纸。

听完几个小组的分享后，给每位同学发放1张"伟大的挫折"个人作业纸，并请同学们花5分钟左右认真思考并填写完整。作业纸的内容主要是总结前面小组活动中的收获，并请学生设想接下来学业中可能遇到的困难和挫折，并运用今天的收获来事先写好"预案"，并"演习"应对方法。教师巡视指导。

6）学生分享个人作业纸。

邀请几位同学分享自己的个人作业纸，并进行点评。

（4）设计思路

认知心理学家杰罗姆·布鲁纳曾说："不要把成功和失败当成奖赏或惩罚来体验，而是当成信息来经历。"这句话充分体现了成长型思维对待失败的核心要点：基于事实，聚焦改变。

本节课用故事接龙的活动方式来模拟学生日常学习和生活中常见的挫折情境，形式活泼有趣，可以体现出学生个人和小组的成长型思维和创新精神。在完成他人的故事之后，再通过个人作业纸的方式帮助学生将思考进行内化，落实到自己接下来可能遇到的挫折以及应对方法上，切实将成长型思维与学生的日常学习和生活结合起来。而且通过写"预案"的方式，可以帮助学生锻炼计划和预判能力，也一定程度上消除了学生对于未来可能面临的挫折的恐惧心理。

在实际教学中，学生对于故事接龙的形式非常感兴趣。但部分思路活跃的学生可能会借助续写故事的机会来表达与课堂无关的想法，以博取其他同学的关注。教师需要注意并强调写故事的规则，并在适当的时候运用一定的奖惩手段。在小组分享和完成个人作业纸之间的过渡部分，教师应强调从他人的经验中吸取自己可以应用的方法，并记录下来，再结合到自己的日常学习和生活中，从而帮助学生更好地梳理思路、应对未来可能出现的挫折。

（5）相关研究

研究表明，在阅读了伟大的科学家（如爱因斯坦）的失败故事后，学生在科学课上的表现得到了很大的提升。尤其当这些故事描写的是科学家在学术研究领域曾遭遇的困难时，学生从中受益最多，因为他们能够将这些故事与自己在学习科学过程中的困难联系起来，并从中得到鼓励。这说明，给学生讲解伟人在失败中成长的故事（而不是成功故事），可以帮助学生更深刻地理解成长型思维看待失败的价值，建议教师在挫折主题的课程前搜集相关故事素材，作为课堂材料。

3. 常见问题与解答

◆ **学生说"如果一直失败、一直失败，那自己就会失去再次尝试的动力和信心，也不相信自己能成功了"，我该怎么回应？**

你可以用这样的思路来回应学生：

首先，一些心理学研究确实发现，成功经验对于我们来说非常重要，它可以增强我们的信心和动力。这说明你提出的这个问题是普遍存在的。

但是，如果事实确实不尽如人意，我们失败了太多次，那么我们就需要首先思考一些比较本质的问题：是不是我们对于这个任务的认识不准确？是不是自己的思路和方法出现了很大的问题和漏洞？别人会给我什么样的建议？在自己陷入僵局的时候，听取他人的意见就变得非常重要，其中可能常常有关键要点。

当然，我们对于别人的意见也要采取"兼听则明"的态度，多问几个人，对于每个人的想法多多思考，最终得出自己的结论。总体而言，挫折本身确实令人不快，但如果你勇敢剥开它那令人不愉快的外衣，则会收获你在成功时都不会收获的宝贵经验。

3.2.5　第5课　用成长型思维看待挑战

◆ **你看到硬币的哪一面？**

挑战之所以让我们觉得有点兴奋又有点畏惧，是因为它是一件还未发生的事情，我们常常忍不住去设想：我在这次挑战中会成功还是失败？如果对于成功的渴望更大，我们更加可能勇敢地拥抱挑战；如果对于失败的恐惧更大，我们更加可能选择后退一步。

在成长型思维的视野中，挑战毫无疑问是一次绝佳的成长机会——因为有点难，所以能够带给我们平时无法体验到的成长。因此，具有成长型思维的人不会把自己禁锢在"舒适区"里，只是重复地做自己已经会做、做得很好的事情；相反，他们会时常为自己寻求一些小小的挑战，走出"舒适区"，拓宽自己的能力边界。

1. 活动要点（见表3-8）

表3-8　本课活动要点

要点1	成长型思维将挑战看作是提升自己能力的好机会；固定型思维把挑战看作容易失败的任务，因此逃避挑战，选择只待在自己的"舒适区"里
要点2	挑战也许带有很大的不确定性，而且常常伴随着失败，但成长型思维鼓励我们去尝试，并从中收获自己在"舒适区"中所没有的宝贵经验

2. 活动方案

活动名称：挑战"盲盒"

（1）活动目标

1）认知目标：知道学习中的挑战是常见的，成长型思维将挑战视为学习的机会。

2）情绪目标：减少应对挑战时的消极情绪，产生通过挑战提升自己的愿望。

3）行为目标：能结合自己和同学的经验，总结出应对学业挑战的方法。

（2）活动材料

1）"成长挑战书"个人作业纸：A4尺寸，每人1张，设计样例见图3-8。

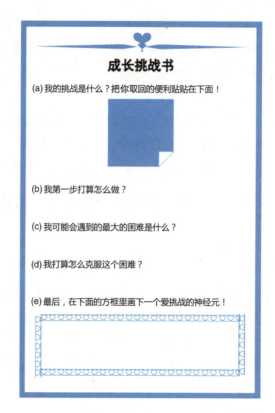

图3-8 "成长挑战书"个人作业纸设计样例

2）便利贴：保证每人至少1张，颜色不限。

3）纸箱：1个，可按照"盲盒"的样式适当装饰。

（3）活动过程

1）发放教具。

教师给每位学生发放1张便利贴、1张"成长挑战书"作业纸。

2）教师讲解挑战"盲盒"游戏规则。

请每位同学在自己的便利贴上写下一个自己最近面临的学业挑战，不用署名。写完后将便利贴投入教师准备好的"盲盒"纸箱中。

3）学生从"盲盒"中抽取便利贴，写下自己的成长型思维建议。

请每位学生从"盲盒"中随机抽取一张便利贴，阅读上面的挑战，然后写下一条自己的成长型思维建议。写完建议后请署名，再将便利贴放回"盲盒"中。按照规则开展活动，教师可根据时间情况进行 3~5 轮。

4）取回自己的便利贴。

学生取回自己的便利贴，邀请几位学生分享自己的挑战和其他同学的反馈，并分享收获和感受。

5）完成"成长挑战书"个人作业纸。

请学生将便利贴贴在"成长挑战书"的相应位置上，然后花 5 分钟左右的时间将作业纸的其他部分填写完整。作业纸的内容主要是根据其他同学给予的成长型思维建议，请学生设想应对挑战的方法和可能遇到的困难。教师巡视指导。

6）学生分享个人作业纸。

邀请几位同学分享自己的个人作业纸，教师结合成长型思维进行点评。

3. 常见问题与解答

◆ 学生问"一个成长型思维的人是什么样的挑战都要去尝试吗？"，我该怎么回应？

你可以用这样的思路来回应学生：

首先，每一次挑战的难度、风险度都不一样。有的挑战有难度，但没有风险，比如你在课余时间想要挑战一道困难的数学题。对于这种挑战，我鼓励大家去尝试，但如果题目的难度过大，比如你想直接挑战大学阶段的数学题，那你从挑战中有所学习和收获的可能性很小，这个挑战的意义和价值就不大。

另外还有些挑战的风险比较大，比如你从没学过滑板，但想挑战一下专业选手的 U 型池，这种情况就是难度大、风险也大，可以说完全没有必要去做。对于那些有一定风险的挑战，大家一定要事先把握好尺度，在安全范围内，在相关人员的指导和保护下开展。

所以，最好的挑战是那种比你现在的能力稍微高一点、同时风险也在可控范围内的，也就是我们常说的"跳一跳，够得到"的挑战。这样的挑战最能让你从中收获成长和进步。

3.2.6 第 6 课 用成长型思维看待他人的成功

◆ 坐在路边鼓掌的人。

2012 年，浙江省高考语文题目叫作《坐在路边鼓掌的人》，题目一出，很多精彩的篇章就开始在网络上流传。有的人说，如果大家都成为坐在路边鼓掌的人，岂不是没有人愿意站出来成为接受掌声的人了吗？

其实，在当下这个竞争激烈的社会中，培养学生"坐在路边为他人鼓掌"不仅是必要的，也能够让学生取得更长远的发展。这二者并不矛盾。成长型思维认为，每个人都有取得发展的空间和潜力，但重要的不是和他人比较，而是和昨天的自己比较。

能够看到并欣赏他人的成功，是成长型思维的一种较高层次的体现：首先，这说明她/他能够正确地看待得失，将自身的长远发展放在第一位，而不过分在意眼前的一次高低；其次，身边人的成功是值得注意和学习的，因为其中可能蕴含着宝贵的信息，以其为镜，正好可以发现自身需要进一步成长的地方。

1. 活动要点（见表3-9）

表3-9 本课活动要点

要点1	具有成长型思维的人欣赏他人的成功，并将其看作对自己的鼓励；具有固定型思维的人则将他人的成功看作对自己的威胁，认为他人取代了自己成功的机会，进而产生嫉妒、愤愤不平的情绪
要点2	具有成长型思维的人认为，如果身边的人成功了，则说明自己处于一个优秀的集体中，自己也完全有能力做得更好；另外，成长型思维还会积极地从成功的同伴身上吸取经验，来帮助自己做得更好

2. 活动方案

活动名称：别人家的孩子

（1）活动目标

1）认知目标：了解具有成长型思维的人如何积极看待他人成功。

2）情绪目标：减轻面对他人成功时的消极情绪，增加积极情绪。

3）行为目标：通过剧本撰写和表演活动，将用成长型思维看待他人成功的案例呈现出来。

（2）活动材料

"我是小编剧"小组作业纸：A4打印，每组1份，设计样例见图3-9。

（3）活动过程

1）教师说明任务。

请学生以4人小组为单位，将本组的剧本填写完整，并进行排演；剧本中，已给定了部分情节内容，小组成员需要填写空白的剧情台词。要求填写的内容必须符合成长型思维；排演时间10分钟，要求有导演、旁白和两位主角。

2）各组按照要求续写剧本并排演。

教师在组间巡视，给予必要的指导和支持；10分钟后，教师宣布停止排练。

3）各组展演。

教师邀请各个小组依次上前表演剧本内容，时间1分钟；每个小组表演后，教师进行1、2句点评，肯定剧本中符合成长型思维的内容。

第 3 章　成长型思维系列课程——思维模块

> **我是小编剧(剧本1)**
> 提示：发挥想象力，编写一个完整的小剧本吧！记得一定要让剧本内容符合成长型思维哦！
>
> 小宇和同班同学小龙住在同一个小区，他俩平时一起上下学、一起写作业。让小宇烦恼的是，妈妈总会拿他和小龙比较。这天晚上，小宇在小龙家写完作业，妈妈接他回家，在路上又开始唠叨起来了。
>
> 妈妈：我刚刚看了小龙的作业本，又整洁又干净，写得还比你多。你每天跟小龙一起写作业，就不知道学学人家？
>
> 小宇：＿＿＿＿＿＿＿＿＿＿＿＿＿＿＿＿＿＿＿＿＿＿
> ＿＿＿＿＿＿＿＿＿＿＿＿＿＿＿＿＿＿＿＿（请补充）。
>
> 妈妈：别狡辩了，小龙又不是只有学习比你强。你看看你，学习不上心，整天就知道打篮球、看球赛，那你篮球打得比小龙好了吗？上次和邻班的比赛，我可听小龙妈妈说了，小龙一个人就拿了你们班一半的分。
>
> 小宇：＿＿＿＿＿＿＿＿＿＿＿＿＿＿＿＿＿＿＿＿＿＿
> ＿＿＿＿＿＿＿＿＿＿＿＿＿＿＿＿＿＿＿＿（请补充）。
>
> 妈妈：其实，妈妈也能看到你的努力，只是你身边有小龙这么优秀的朋友，我觉得你应该多跟他学习才是。
>
> 小宇：＿＿＿＿＿＿＿＿＿＿＿＿＿＿＿＿＿＿＿＿＿＿
> ＿＿＿＿＿＿＿＿＿＿＿＿＿＿＿＿＿＿＿＿（请补充）。
>
> 妈妈：＿＿＿＿＿＿＿＿＿＿＿＿＿＿＿＿＿＿＿＿＿
> ＿＿＿＿＿＿＿＿＿＿＿＿＿＿＿＿＿＿＿＿（请补充）。
>
> 小宇：＿＿＿＿＿＿＿＿＿＿＿＿＿＿＿＿＿＿＿＿＿＿
> ＿＿＿＿＿＿＿＿＿＿＿＿＿＿＿＿＿＿＿＿（请补充）。
>
> 结尾：＿＿＿＿＿＿＿＿＿＿＿＿＿＿＿＿＿＿＿＿＿
> ＿＿＿＿＿＿＿＿＿＿＿＿＿＿＿＿＿＿＿＿（请补充）。

图 3-9　"我是小编剧"小组作业纸设计样例

4）邀请 2、3 位学生分享感受。

自己表演完、看完同学们的表演后，你最大的感触是什么？下一次遇到类似的情景，你会怎么说、怎么做？

5）教师分享脑科学知识并总结。

心理学家们通过脑电研究发现，当我们失败而别人成功的时候，我们的大脑会更加强烈地感受到自己眼下的失败和所希望的成功之间的巨大差异，从而使得我们感觉更加沮丧。但是，当我们用成长型思维来看待他人成功的时候，他人的成功是对我们的鼓励，是我们学习的好机会。自然而然的，沮丧、嫉妒的情绪就消失啦！

3. 常见问题与解答

◆ **学生说"我其实并不嫉妒同学的成功，但家长和老师总拿自己和'别人家的孩子'对比，我真的很不开心"，我该怎样回应？**

你可以用这样的思路来回应学生：

首先，你应当肯定这名同学其实已经具有了成长型思维，并且愿意很坦诚地说出自己的想法。这个时候你需要给予学生肯定和赞美，比如"非常感谢你坦诚地说出自己的想法，你其实已经拥有了成长型思维，因为你能够正确、客观地看待其他同学的成功"。

然后，你需要坦言，这种情况确实非常常见，老师很理解这种无奈。在这种情况下，我们可能也要多从成长型思维的角度来看待，家长和老师的这种比较对于我们来说确实不太愉快，但我们可以尝试剥开这层令人不愉快的外衣，仍然尝试把目光聚焦在如何学习和提升自己上面，这样自己心里也会感觉更加积极。

另外，如果尝试着用成长型思维来和他人进行"比较"，你会怎么做？比如，你可以思考一下，"别人家的孩子"的有些学习方法确实很有效，你是否可以借鉴过来，提升自己的学习习惯？感受一下，在做了这样的比较之后，你的感觉如何？这种思考能否给你带来一些积极的改变？可以多多思考这些方面，把这些"比较"转化为你进步的"垫脚石"。

3.2.7　第7课　用成长型思维看待他人的反馈和批评

◆ 剥开反馈和批评的"坚果"。

达·芬奇有一句很"潇洒"的名言："应当耐心听取他人的意见，认真考虑指责你的人是否有理。如果他有理，你就修正自己的错误；如果他理亏，只当没听见。"这个道理浅显易懂，但在生活中非常难以实践，原因很简单——我们每个人都有自我保护的心理需要，他人的反馈往往会被我们认知为是对我们的不认可，使得我们竖起防御的高墙，很难真正听取他人建议中有价值的部分。

因此，他人的反馈和批评有时就像一颗坚果，心里的不舒服就像是外面这层厚厚的壳。只有能够剥开壳的人，才能够获得里面营养宝贵的果仁，让其服务于自身成长。具有成长型思维的人乐于从别人那里收集这种"坚果"，因为成长型思维能够帮助他们看到反馈和批评的本质，让他们有能力剥开壳，吃到美味的果仁。

1. 活动要点（见表 3-10）

表 3-10　本课活动要点

要点 1	具有成长型思维的人乐于收到他人的反馈，能正确看待他人的批评，并会创造机会主动向他人寻求反馈；具有固定型思维的人则害怕听到负面的反馈，因此尽量避免那些得到反馈的场合
要点 2	在成长型思维的人看来，负面反馈和批评本身确实令人不开心，但仍然会选择认真听取内容，并且自己认真思考，寻找其中真正有价值的内容，变成提升自己的方法

2. 活动方案

活动名称：成长加工厂

（1）活动目标

1）认知目标：了解成长型思维如何积极看待他人的反馈和批评。

2）情绪目标：减轻面对他人反馈和批评时的消极情绪，增加积极情绪。

3）行为目标：面对学习中的他人批评时，能结合自身情况，整理、反思并制订符合成长型思维的应对计划。

（2）活动材料

1）"成长加工厂"小组海报：每组1张，设计样例见图3-10。

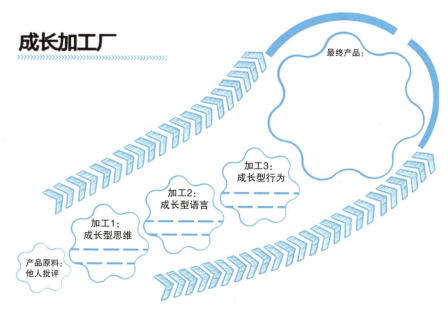

图3-10 "成长加工厂"小组海报设计样例

2）"成长加工厂"个人作业纸：每人1张，设计样例见图3-11。

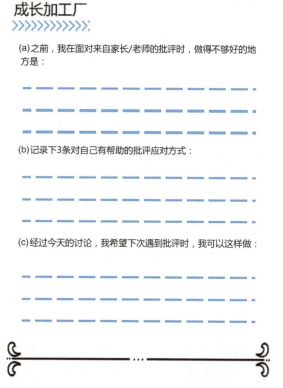

图3-11 "成长加工厂"个人作业纸设计样例

（3）活动过程

1）教师说明任务。

以 4 人小组为单位，每组发放 1 张海报纸；海报纸上画着 1 条"成长工厂"的流水线，其中有 3 个关键加工步骤等待学生填写；等待加工的产品原料是"他人批评"。请小组成员依次填写 3 个关键加工步骤——成长型思维加工、成长型语言加工、成长型行为加工，对原料"他人批评"进行加工（每个步骤写出至少 3 条加工方案），完成这 3 个加工步骤后，请在"最终产品"一栏画出理想成品的样子。

2）各组完成海报。

教师在组间巡视，指导学生填写；约 10 分钟后，教师宣布活动结束。

3）各组分享海报。

教师请各组自愿举手并分享本组的海报，每组不超过 1 分钟时间。如果没有小组自愿，则教师要求各组按顺序依次分享；每组分享完毕后，台下的学生可以向该组提问；各组分享的过程中，教师将学生们提到的关键词记录在黑板上。所有小组分享完毕，或 10 分钟后，教师结束分享环节，进入总结时间；教师总结：教师根据黑板上记录的关键词，帮助学生依次梳理和总结常见的成长型思维、成长型语言和成长型行动。

4）学生完成个人作业纸。

在面对来自家长/老师的批评时，我可以做得更好的地方都有哪些？这节课，我的收获是什么？下次面对类似情境时，我要做出的一点小小的改变是什么？

5）教师总结。

对课堂内容进行简要总结，并对学生的课堂表现予以肯定。

3. 常见问题与解答

◆ 学生问"到底什么才是有价值的批评？"，我该怎样回应？

你可以这样回应学生：

首先，你需要仔细辨别批评的内容。如果批评全都是对你这个人的攻击，例如"这都做不好，你就是不行"，那么这种批评就是没有价值、有害的，因为它没有告诉你任何可以通过改变以使自己变得更好的可能性。

但是，如果批评里面含有一些告诉你怎么做才能更好的线索，那么它就是有价值的。例如老师说："你总是在这一类题型上犯错误，昨天刚讲过，是不是上课没好好听？"这类批评是在提醒你在学习方法上可能存在弱点，接下来应当重点攻破。再例如，同学批评你："大家都在忙着小组任务，你自己去踢球了？"这类批评其实是同学在向你指出人际交往中的小缺点，如果你能够和大家一起合作完成小组任务，同学们也会感到更加被尊重，人际关系也会更和谐。

最后，在日常的学习和生活中，同学们可能会遇到各种各样的批评，还需要结合具体情况来分析。如果感觉拿不准，或者这个批评令你很烦恼，也欢迎找老师或者好朋友说一说，让别人帮你拿拿主意。

3.3 教师反思

3.3.1 反思问题

在面向学生开展思维模块的教学活动过程中，其实也是教师对自身成长型思维不断探究和提升的好机会。在每次活动结束后，你可以使用表3-11的"我的'成长型思维空间'"，反复思考里面的问题，来觉察自己对成长型思维的理解有哪些变化，同时探究更有效的教育教学方法。

表3-11 我的"成长型思维空间"

我的"成长型思维空间"

（1）这次活动后，我对于成长型思维有了哪些新的理解？

_____

_____

（2）我在活动的讲解以及给学生的反馈中，是否充分反映了成长型思维？

_____

_____

（3）学生提出了哪些关于成长型思维的问题？我是如何回应的？这些问题给我哪些启发？

_____

_____

（4）下次开展这个活动时，我可以做出哪些微小但重要的改变？

_____

_____

3.3.2 反思工具

在每次活动结束时，教师可以使用"3-2-1卡片"来帮助学生总结活动中的收获，激发学生进一步深入学习的动力。"3-2-1卡片"由以下3个核心问题组成，见表3-12。

表 3-12 "3-2-1 卡片"

"3-2-1 卡片"

活动名称：_____　　姓名：_____　　日期：_____

我在这节课上学到的 3 个要点：

_____、_____、_____。

我现在仍然好奇的 2 个问题：

_____？

_____？

我希望在未来更多了解的 1 个话题：

_____。

在收集了学生的"3-2-1 卡片"之后，教师需要认真阅读，反思教学效果，并在接下来的活动和教学之中改善方法。

从学生所写的"3 个要点"中，教师可以检查自己的教学目标是否有效地达成了、教学重点是否突出了。如果学生学到的要点与你对这节课的设计存在不小的偏差，那么你就需要反思自己在课程设计和实施过程中有哪些问题。

从学生所写的"好奇的 2 个问题"中，学生们的回答可能为教师指出了一些课堂上的盲点，可能是在课程中已涉及但出于各种原因没能解答的内容。例如，有的问题可能与课程主要内容无关，有的问题可能没有充分的时间展开说明，有的问题则是教师自己也没能注意到的。

从学生所写的"未来希望了解的话题"中，教师可以从学生的兴趣点出发，准备之后的课程可以开展的主题。

Chapter 04

第 4 章　成长型思维系列课程——行动模块

　　小海的学习成绩在班里属于中等，经常上下波动，不太稳定。为了破解自己的"中游困境"，小海在新学期为自己制订了目标：这学期一定要好好努力，争取稳定在班级中上游！

　　定好目标之后，小海干劲十足，为自己制订了每日计划，在开学后的一周里努力执行。尤其是在学习了成长型思维之后，小海更加相信自己的努力会带来回报。老师看到了小海的变化，鼓励了他。此时的小海非常满足，他觉得自己付出了不少辛苦，老师也肯定了他，应该可以放松一段时间了。于是他渐渐地把每日计划放宽成了每周计划，再后来渐渐地忘记了。

　　结果这一放松，转眼就到了期末。期末考试成绩出来后，小海傻眼了，发现自己考得还不如上个学期。他心里一阵懊悔"哎，学期初给自己立的 flag 倒了，都怪自己没有好好执行计划，一步步落实下来。"

　　这样的案例在学生中并不少见。成长型思维强调努力，但更强调有效的努力和持续的努力。如何让成长型思维带来的动力持久地燃烧，就是本章重点讨论的内容。

4.1　行动模块简介

　　在本节内容开始前，请你思考以下问题，并带着这些问题阅读本节的内容：
（1）你认为，行动模块的课程应该达到什么样的效果？学生可能会产生怎样的变化？
（2）为了达到这种效果，你认为行动模块的课程中最关键的一点是什么？
（3）你还可以为行动模块的课程做哪些准备，以使得你的课堂更加有说服力？

4.1.1 行动模块由哪些部分组成

培养成长型思维不仅仅需要认知层面上的调整,同时需要将自己的思维变化体现在行动上,体现在自己面对挫折、挑战等情境中的情绪反应上。因此行动模块作为培养学生成长型思维的重要行为保障,具有重要意义。

行动模块的总体目标是指导学生设定自己在学业上的目标和计划,合理地安排自己的时间,能识别和理解自己在学业中产生的各种情绪,并学会及时调节。面对学业计划执行过程中的挫折与失败,可以在重新认识其意义的基础上及时调整,并愿意坚持不懈继续努力。

成长型思维行动模块分为两大主题,一个为目标计划管理,另一个为情绪管理。目标计划管理培养学生制订目标和计划的能力及坚持实施的毅力和行动力;情绪管理则帮助学生在面对学业中的挫折时,可以及时调节情绪,聚焦到有建设性的行动中来。如图 4-1 所示,各个主题下设子主题课程,为学生详细地拆解问题,落实成长型思维在学习和生活中的具体行动。

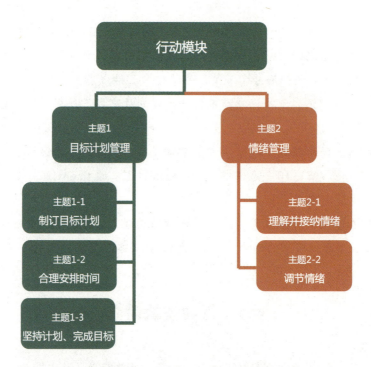

图 4-1 行动模块课程关系示意图

4.1.2 为何用目标来引领成长型思维的行动

目标是我们行动的方向,而制订行动计划则是帮助实现目标的重要方法和手段。同时在学生对目标和计划的执行过程如何能面对挫折、及时反思及调整从而坚持不懈地实现目标也是课程的重要目标之一。制订合理的目标可以提升学生的自我管理水平，在学习中更加坚持不懈，在学习策略方面，也会采用多种有效的方法——例如记忆、默背、自测等。

制订目标和计划时需要结合学生的年龄阶段及发展特点制订合理的目标。在学生的不同发展阶段，应设计层次分明的课程目标：

• 低年级重在指导学生知道如何在课堂中管理好自己的行为，初步了解自己的兴趣爱好，理解时间的意义，并能坚持完成每天的任务。

• 中年级重在指导学生列出自己每周要完成的目标和行动计划，能结合自己的学习和兴趣爱好合理安排时间，并在执行中及时反思与调节。

• 高年级重在指导学生列出自己本学期甚至更长时间的学习目标和学习计划，知道坚持对于目标与计划的重要性，能用内部激励的方法激励自己坚持不懈。

4.1.3 为何将情绪也纳入行动模块

学生在学习过程中会经历各种各样的情绪——开心、沮丧、成就感、挫败感等。研究表明，积极情绪可以拓宽个体的注意广度；也可以影响工作记忆的效率。因此，维持一个相对积极的情绪对于学生的学习行为具有良好的维持和促进作用。

行动模块指导学生及时觉察自己的情绪，并理解自己的情绪是如何产生的，尝试接纳自己的情绪并能够及时调节，从而帮助自己以最高的效率投入学习。在不同年龄阶段，设计层次分明的课程目标：

• 小学低年级：重在指导学生初步区分积极情绪和消极情绪，体验自己在学习中情绪的变化，知道成长型思维能够为自己的学习和生活带来更多积极情绪。

• 小学中年级：重在指导学生能更深入地理解情绪的来源，理解成长型思维和固定型思维会如何影响自己的情绪，学习合理地表达情绪。

• 小学高年级和初中生：重在指导学生能理解并接纳情绪，熟练掌握适合自己的情绪表达和情绪调节的方法，初步理解如何通过改变自己的思维模式来改变自己的情绪。

★ **小活动** ★

梦想阶梯

• 请学生制作一张属于自己的"梦想阶梯"海报，样例如图 4-2 所示，呈现自己的人生目标（或长期目标）、3~5 年的中期目标、学年目标和学期目标。通过"梦想阶梯"，学生可以由远至近地思考自己的目标体系，从而帮助学生树立有长远意义的短期目标。

• 可以将各位学生的"梦想阶梯"海报张贴在班级内或家庭中，提醒学生为了自己的长远目标，走好当下的每一步。

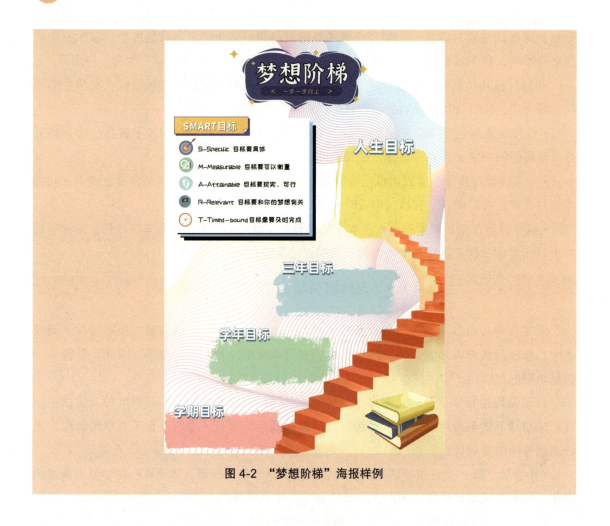

图 4-2 "梦想阶梯"海报样例

4.2 行动模块课程内容

4.2.1 第 1 课 寻找长期目标

◆ 所有目标都是一样重要的吗？

我们每天都有要完成的目标，上课、完成作业、做运动等，而这些目标我们可以称之为低层次目标，这些低层次目标可能都是为一个中层次目标服务的，比如为了在期末考试中取得一个好名次，或者为了体育考试中拿到好的成绩。而在中层次目标之上，还有自己人生的顶层目标，比如用法律来维护社会公正，比如通过最新的医疗技术攻克癌症的困扰等，这些都是让我们时刻愿意为之付出和奋斗的那个最终的目标。每个顶层目标的实现，都需要包含不同的中层目标，每一个中层目标之下，也都会包含不同的低层目标，请参考图 4-3。

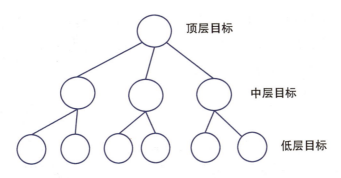

图 4-3 目标体系

这里的中层目标可以是很多层次的，图中只用一个层次来代表。对于学生而言，有自己想要实现的目标很重要，这是让其持续产生源源不断内在动力的发动机。而只有符合顶层目标的中层目标才是最有价值的。为了设定与顶层目标相一致的中层目标，我们可以采用不断追问的方式来反思我们生活中的任何一个行为："这样的行为是为了实现我的顶层目标吗？""为了实现我的顶层目标，我需要做什么？"

◆ 如何建立一个好的目标体系？

现实生活中，我们经常处于一个只有长期目标，却没有将这个长期目标付诸实施的状态。这让很多学生的梦想成为空想，而且没有实际行动支撑的目标也会随时发生变化。心理学家加布里奥的研究表明，如果痴迷于一个积极的未来愿景，却没有搞清楚如何实现它，也不好好思索前面将有什么障碍，这样做只会让自己短期内感觉良好，但是对于长期而言，会活在无法实现目标的失望中。这样的目标体系就像图 4-4 所示一样——好像一张空想的大饼。

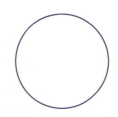

图 4-4 只有长期目标（顶层目标）的目标体系

另外一种常见的情况是有很多的中层目标：要考一个好学校、要找一个好工作、锻炼到什么样的程度，而这诸多的中层目标是散乱无序的，如图 4-5 所示。这种目标体系会让学生感到很疲惫，同时也会在一个阶段目标实现之后再次陷入迷茫。而且没有顶层终极目标的支撑，在实现中层目标的过程中遇到挫折也很容易放弃。

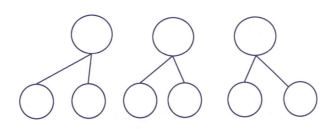

图 4-5 缺乏长期目标的目标体系

成长型思维强调学生的长期发展。为了落实这一点，就需要帮助学生建立自己的目标体系，明确自己的各层次目标，才能使学生在追求自己目标的道路上坚持不懈。同时也要结合学生不同年龄阶段，在目标的层次上有不同的设计，帮助学生在不同阶段制订适合自己兴趣特点和发展特点的目标与计划。

1. 活动要点（见表4-1）

表4-1 本课活动要点

要点1	长期目标通常是指比一年更长的时间内的目标，可以是人生目标、个人理想、终极职业目标等
要点2	在长期目标的指导下，我们可以更好地实现人生的价值
要点3	长期目标的明确不是一蹴而就的，需要结合对于自身和外界的探索
要点4	大多数情况下，长期目标是很稳定的，特殊情况下可能会改变

2. 活动方案

活动名称：探索自己的长期目标

（1）活动目标

1）认知目标：认识到长期目标的重要性。

2）情绪目标：体验明确自己长期目标时的积极情绪。

3）行为目标：能结合长期目标写出自己需要具备的能力。

（2）活动材料

1）生涯幻游冥想指导语。

请同学们闭上眼睛，跟随着我的节奏进行呼吸，用鼻子吸气，像闻一朵花香；用嘴轻轻呼气，就像在吹一朵蒲公英。吸气……呼气……（重复3遍）。现在请你想象一下二十年后的自己，假设你现在已经成为未来理想的那个自己。去看一看，那时候的你在做什么样的工作？正在做什么呢？你工作时候的状态是怎样的？有怎样的感受？看看周围环境是怎样的？周围有没有伙伴，他们在说什么？做什么？想象当时你正完成了一项重要的任务，让你感觉特别有成就感，那是怎样的一件事情？你做了什么是有助于任务的完成的？当时你是怎样的状态？心里有怎样的感受？周围的人会给你怎样的反馈？他们说了什么？做了什么？这又让你有怎样的感受？请同学们用双手揉一揉眼睛，轻拍自己的脸蛋，请轻轻睁开双眼，我们回到现实。同学们，你们都看到了未来那个理想的自己了吗？

2）"个人名片"个人作业纸。

A4尺寸，每人1张，设计参考如图4-6所示。

（3）活动过程

1）生涯幻游。

（a）邀请学生以舒适的姿势坐好。教师播放背景音乐，引导学生做生涯幻游（指导语见活动材料）。

图 4-6 "个人名片"个人作业纸设计样例

（b）教师邀请 3~5 名学生分享自己刚才在生涯幻游中看到的场景及自己的感受。

（c）教师邀请学生分享：有目标和梦想之后，会有什么不同？

2）我的"个人名片"。

（a）教师过渡：上节课，老师为大家布置了一项课后作业——寻找自己的人生目标。大家可以自己思考，也可以和朋友、爸妈、老师讨论。大家都寻找得怎么样？有没有同学愿意分享一下？

（b）教师邀请学生制作并交流个人名片：请同学们根据自己的人生目标制作"个人名片"。形式不限，可以包含以下内容：职业、理想的最高学历和毕业院校、自己在该领域预期可取得的最高成就、人生目标、人生导师、人生座右铭等。同学们可以适当装饰自己的名片。

（c）大约 10 分钟后，教师请同学们结合自己的"个人名片"与小组内成员进行分享。

（d）教师邀请 3~5 名学生分享刚才自己的个人名片和令自己印象最深刻的他人名片。

3）总结分享。

先邀请学生进行分享，教师再进行总结：首先，大家要知道自己的人生目标是什么，暂时不知道也没关系，希望同学们的人生目标能够给你一些启发；在明确了自己的人生目标之后，下一步就要探索——要想实现这样的目标，自己要具备怎样的能力和特质？达成怎样的阶段性目标等？这样才会让我们有努力的方向。

（4）相关研究

30 年前，哈佛大学的专家以一批在校学生为样本，进行调查研究。调查的主题只有一个：你的人生目标如何？具体而言，分为四个层次：第一，有没有目标；第二，目标是清晰的还是模糊的，比如，是很明确地想成为总统、资产 1000 万美元以上的富翁，还是很模糊地想做一个领导者、富人；第三，有没有短期目标，短期目标清晰还是模糊；第四，有没有长期目标，长期目标清晰还是模糊。

按照对目标的清晰程度，可以把他们分成 4 类，每一类在调查总人数中所占比例见表 4-2。

表 4-2　哈佛大学针对人们目标设定的调查结果

类　　型	占　　比
第一类：没有人生目标	27%
第二类：有目标，但目标模糊	60%
第三类：有短期目标，而且短期目标清晰	10%
第四类：有长期目标，且长期目标清晰	3%

在这 30 年后，他们对所有的调查对象进行跟踪研究，从而验证目标对人生的作用。结果如下：

- 第一类人（无目标者），几乎都生活在社会底层，在失败的阴影中挣扎。
- 第二类人（目标模糊者），基本生活在社会中下层，整日为生存而疲于奔命。
- 第三类人（短期目标清晰者），大多成了白领阶层，生活在社会中上层。
- 第四类人（长期目标清晰者），他们目标清晰，而且勇于坚持、奋斗，积极进取，百折不挠，最终成为行业领袖和精英人物。

3. 常见问题与解答

◆ 学生没有明确的人生目标，怎么办？

虽然孔子"十有五而至于学"，但对于才十几岁的中小学生来说，还未能明确自己的人生目标是很正常的事情。另一方面，即使确定了自己的人生目标，学生也很有可能在短时间内变来变去，无法持之以恒地追寻同一个目标。这些都是正常的现象，学生的大脑和心智发育具有阶段性的特点，这一阶段的学生大脑皮层远未发育成熟，社会经验也比较有限，因此很难思考和确定一个笃定的人生规划。教师对于这一现象应有正确客观的认识。

在此基础上，关于人生目标的思考和规划仍然是有价值的，这也是这节课设计的初衷。研究表明，当学生能将当下的学习活动和自己的长期目标相结合时，能够产生更强的目标感和意义感，从而有更强的动机投入到当下的学习之中。因此，对于这个阶段的学生来说，人生目标是什么本身并不重要，重要的是一个健康的人生目标能够为当下的学习和生活带来积极的指导作用和驱动作用。例如，将航天员王亚平视为人生导师的学生可能会设立一个"成为航天员/天文学家"的人生目标，进而对于数学、物理等学科的学习能够投入更多的热情和精力，也能在课余生活中通过阅读书籍、参观天文馆等活动来丰富自己的兴趣。这些行动都能为学生的长期发展带来积极的影响。

对于这个主题的活动来说，教师可以从以下两个方面来帮助学生更好地思考自己的人生目标：一是提前给学生留课后作业，要求学生用一段时间来了解自己的兴趣和志向，具体可以通过和身边的成年人沟通、查阅相关资料等方式入手。有了课后作业的积累，保证学生对于人生目标这个话题"有话可说"，这节课的活动就可以开展得更加顺利；二是给学生充分的包容，理解学生暂时无法确定自己的人生目标。教师可以在课前准备一些各行各业的领军人物的小案例,在课堂上快速地呈现,给学生一些灵感。另外,也可以邀请那些已经有清晰规划的学生分享自己的人生目标,为其他学生提供参考。

◆ **学生把打游戏、当网红、做主播作为长期目标,我该如何引导?**

在课堂中,我们常常会遇到学生希望设立这样的长期目标。你可以这样回应:

首先,教师应该看到并接纳学生有自己的个人兴趣和爱好。你可以这样说:"我发现很多同学都很爱看游戏直播,真的很精彩,这是一种很过瘾的娱乐方式。"

其次,教师应当帮助学生区分一时的兴趣和长远的目标。你可以这样说:"其实,老师也有很多类似的兴趣爱好,比如我周末会去公园里练习滑板,还会和朋友一起玩桌游。这些都是很棒的娱乐放松方式。但是,老师的长期目标并不是这些,而是成为一名名师,为更多的同学上更精彩的课程。大家需要知道,长期目标和兴趣是有区别的。当你发现对一件事情有热情时,一定要仔细辨别,这种热情是那种让你想终身为之奋斗的,还是仅仅让你觉得很开心?这二者是不同的。"

最后,如果学生仍然坚持想要以这些职业为目标,教师可以引导学生在课下认真了解一下这个职业所需要的专业技能、发展路径等,帮助他们认识到,没有任何一种职业是轻松的。你可以这样说:"据老师所知,职业的电竞选手不是轻轻松松就能当的。首先,你需要在一些方面具备优秀的能力,比如万里挑一的手眼配合能力。其次,你还要经过多年艰苦的训练,每天像学习一样地去打游戏,不打够多少小时、不打够什么成绩,是无法成为顶尖选手的。如果你真的有志于此,一定要花点时间去调查一下,这个职业的真实日常是怎样的,不要被少部分最优秀的人、最辉煌的时刻所迷惑。"

4.2.2 第 2 课 制订短期目标

◆ **如何制订一个有价值、容易达成的短期目标?**

在设定短期目标时,可以参考 SMART 法则,如图 4-7 所示。

图 4-7 目标制订的 SMART 原则

S = Specific，指目标是特定、明确、具体的，而不是笼统的。比如，学生制订的中期目标为：期末考试成绩有进步——需要明确是哪一门学科、取得怎样的进步。如果制订的目标是提升英语阅读能力，也会比较笼统，可以修改为每天阅读一篇英语短文。

M = Measurable，指目标要是可衡量的，而不是模糊的。比如刚才提到的成绩进步，可以用分数或者名次来进行衡量。如"提升英语阅读能力"的目标，可以用具体的文章，或者背诵的单词数目来衡量。

A = Attainable，指目标要是可达成的、可实现的。比如学生制订的目标是期末考试数学成绩进步 30 名，实现这个目标可能是比较困难的，可以设置为进步 3 名或者提高 10 分等，结合自己当时的状态以及实际的客观情况进行合理的评估和分析。

R = Relevant，指这个目标跟其他的目标或者自己的上层目标是相关的。比如我希望这次钢琴考级能够通过，如果制订的目标是：每周做 10 道数学应用题，那么这个目标对于钢琴考级的目标就不具有相关性。

T = Timed-bound，指这个目标是有时间期限的。比如，如果学生制订一个目标是我要背诵 500 个单词，就需要加上时间期限，比如从今天起两个月的时间内等。

建立满足 SMART 原则的目标，能帮助学生更加明确自己的任务，在自己的努力下实现目标并体验到成就感，从而激励自己不断地实现一个又一个的目标。

1. 活动要点（见表 4-3）

表 4-3 本课活动要点

要点 1	短期目标通常指的是半年以内的目标
要点 2	短期目标最好和长期目标一致，它是长期目标的基础单位，服务于长期目标的实现
要点 3	与长期目标不同，短期目标的要点是具体、可操作
要点 4	短期目标较为灵活，在实践中可以随时调整

2. 活动方案

活动名称：先给自己订一个小目标

（1）活动目标

1）认知目标：理解长期目标与短期目标的关系。

2）情绪目标：认识到制订短期目标的重要性。

3）行为目标：能结合自己的长期目标写出一两个短期目标；能结合自己的短期目标写出自己本学期每天的行动计划。

（2）活动材料

"自我约定书"个人作业纸：A4 尺寸，每人 1 张，设计样例如图 4-8 所示。

自我约定书

为了帮助我提升能力，实现我的长期目标，特设定在学期末完成如下小目标：
_____

我是_____（填写自己的名字），为了完成我的小目标，我计划每天要完成的任务是（填写为了完成小目标，每天的计划）：_____。

为了督促我坚持完成任务，我特邀请我的同学（填写每天为自己签字的伙伴的名字）_____每天监督我，并请对方签字。

监督人签字：

图 4-8 "自我约定书"个人作业纸设计样例

（3）活动过程

1）为了自己的梦想，先定一个小目标。

（a）教师邀请学生拿出上节课自己的个人名片。这些其实都是我们的长期目标。

（b）请学生分享，要如何才能实现自己的长期目标呢？

（c）结合学生的分享，教师反馈：我们要想达成长期目标，需要一步一步完成。比如，我未来想要成为一个天文学家，这个职业对数学方面的要求比较高，需要我现在就把数学的基础打牢，未来才有机会学习天文学。而我发现自己在数学应用题方面好像比较弱，因此需要先设定一个个的小目标，比如，到期末共 40 天的时间完成 40 道跟分数相关的数学应用题。这样有助于提升我解决数学应用题的能力。

（d）教师强调小目标要满足 SMART 原则，并讲解 SMART 原则的具体内容。

（e）教师呈现一些长期目标转化为短期目标的示例，并邀请学生共同解析。

（f）教师邀请学生制订一个自己在本学期要达成的短期目标，并邀请学生分享。

（g）检验自己的短期目标是否符合 SMART 原则并进行调整，然后在小组内分享。

2）为了小目标，和自己"拉钩"。

（a）教师邀请学生结合短期目标，填写"自我约定书"个人作业纸，明确每天的行动计划。

（b）在班里寻找一位搭档，分享自己的目标计划，并邀请对方作为监督人签字。

（c）教师小结并进行反馈：当小目标成了自己和搭档之间的约定后，你和搭档就都拥有了双倍的动力。每天打卡时，别忘了告诉自己的搭档哦！这样既能让你有更强的成就感、更愿意完成接下来的挑战，也能督促彼此共同进步。

3）总结分享。

"不积跬步无以至千里"，一个宏伟的长期目标是由无数个短期目标积累而成的，从今天开始行动起来吧!

3. 常见问题与解答

◆ **每个学生的目标都不一样,很难设定一个完全符合 SMART 原则的小目标,怎么办?**

在课堂中,每个学生的短期目标都是各不相同的,很多目标确实难以严格地用 SMART 原则来框定,教师需要接纳这一点。具体而言,你可以这样做:

首先,尽量先请学生自己分析,如何将自己的小目标变成一个符合 SMART 原则的小目标。可以引导学生逐个从 S、M、A、R、T 进行分析。如果学生完成有困难,可以邀请学生结成 2 人小组,互相商讨。

其次,可以请学生请教目标相关科目教师,请该科目教师协助将小目标设计得更加符合 SMART 法则。例如,如果学生的短期目标是在下次数学考试中提升 5 分,则可以建议学生与数学教师讨论如何将这个目标变得更加容易操作。这样做的好处有二:一是学科教师更加了解学科内容,能够帮助学生将目标调整得更加切合实际;二是增加了学科教师和学生之间的沟通,使得教师能够看到学生努力的方向和目标,从而在该学科的日常教学中给予更多帮助。

最后,如果仍难以完成,教师应接受学生的小目标不符合 SMART 的全部原则。

4.2.3 第 3 课 坚持执行计划

◆ **"道理我都懂,但完成计划实在太难了!"**

很多同学都有过这种经历:应该坚持目标的道理我懂,但……做起来实在太难了!为了帮助大家更好、更有效地坚持目标,提升能力,心理学家提出了"刻意练习"的概念。如图 4-9 所示,刻意练习主要有以下 4 个特点。

(1) **目标要明确**:练习需要结合个人的层次和水平,开展有针对性的、目标明确的练习。比如练琴的时候,可以告诉自己:我能以合适的速度弹完这首曲子就算成功。为了使自己的练习发挥最大效果,要基于自己的真实现状来设置目标,这样你才能持续不断地看到真实的进步。

图 4-9 刻意练习的 4 个特点

(2) **练习的过程要高度专注**:要想取得进步,必须完全把注意力集中在任务上。如果你总是"三天打鱼,两天晒网",或者只是为了好玩,那么进步之神很可能不会眷顾你。这也并不意味着简单地遵守老师的指令,而是要时刻结合自己的长期目标,高度专注和投入。在较短的时间内投入 100% 的努力来练习,比起在更长时间内只投入 70% 的努力来练习,效果更好。

(3)要不断寻求有效反馈:不论你在努力做什么事情,都需要及时的反馈来帮助自己准确辨别你在哪些方面还有不足,以及为何存在这些不足。尤其在刻意练习的早期,一位优秀的导师可以为你提供宝贵的反馈;而随着时间的推移,你则需要学会自我监督、自我调整。

(4)让自己走出"舒适区":为了训练学生掌握新的知识、拓展新的能力,需要让学生走出"舒适区",进入"挑战区"。事实上,这种适度的挑战也的确能够让学生拓展自己的能力,取得可观的成果。例如,在接受一个 30 分钟的提升刻意练习能力的干预练习后,小学高年级学生的数学成绩得到了显著的提升。

将"走出'舒适区'"发挥到极致的,是那些在各个领域取得杰出成就的人,他们往往会在磨砺自身能力的过程中获得巨大的满足和快乐。他们乐于"逼着"自己学会新方法、发展新技能,特别是在攻克领域中十分尖端的技能时,他们往往会感受到巨大的成就感。现在,在企业管理、教育、运动等领域,刻意练习都成为技能提升的重要训练手段。培养成长型思维有助于学生在刻意练习中愿意接受挑战,更加投入与专注;运用刻意练习提升技能则有助于看到进步、巩固成长型思维。

1. 活动要点(见表 4-4)

表 4-4 本课活动要点

要点 1	计划是一个目标的执行方案。如果目标制订得恰当,计划也更容易制订和执行
要点 2	执行计划过程中可能会遇到诸多困难,辨别原因之后,可以调整计划或目标本身
要点 3	刻意练习是制订执行计划的一个有效参考

2. 活动方案

活动名称:坚持的风景

(1)活动目标

1)认知目标:能用成长型思维看待可能影响自己坚持实现目标的因素。

2)情绪目标:体验自己设立目标以来所取得的进步。

3)行为目标:能主动克服一部分影响自己坚持的因素。

(2)活动材料

"我的成长"个人作业纸:A4 尺寸,每人 1 张,设计样例如图 4-10 所示。

（3）活动过程

1）看到自己的成长。

（a）邀请学生小组内分享：在坚持目标的过程中，自己做的值得肯定的地方是什么？你认为自己在哪些地方比原来进步了？

（b）在组内，每名学生分享一些自己看到的进步、值得被肯定的方面等，小组成员在这名同学的"我的成长"作业纸上画上大拇指，并写下自己的鼓励话语。分享的内容要重质而不重量。

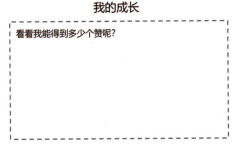

图 4-10 "我的成长"个人作业纸设计样例

（c）教师邀请 3~5 名学生分享并给予反馈。

（d）教师过渡：很高兴看到大家在践行目标的过程中能有这些收获。但是，很多时候，我们也实在很难坚持我们的目标。如果是因为目标制订不合理，可以怎样调整我们的目标和行动计划呢？还可能有哪些原因呢？

2）成长型思维助坚持。

（a）教师邀请学生小组内分享：影响自己坚持的因素可能有哪些？请各小组代表分享。

（b）教师结合学生分享内容进行小结：影响坚持的因素可能有以下几个方面：感到坚持没有意义、失去了兴趣、遇到了各种诱惑、遇到挫折与失败、感觉有点难……

（c）每个小组选择其中一种进行讨论：对于这种影响坚持的因素，如果用成长型思维会怎样看待？怎样行动？请各小组分享。

（d）教师反馈并梳理：当感到坚持没有意义时，试着将现在正在做的事情与自己的长期目标相联系，看到自己手头的小事也可以具有深远的意义与价值。可以和老师、家长聊一聊，他们拥有更加丰富的人生经验，可以从"过来人"的角度告诉你一件事所具有的意义和价值；当感到自己失去了兴趣时，试着想想自己感到最兴奋、激动、有成就感的时刻，看到自己坚持的内在动力；当遇到了各种诱惑而难以坚持时，反思和提升自己辨别事件重要性的能力，做出恰当的选择；当遇到挫折与失败而难以坚持时，试着看到挫折与失败的意义与价值，试着寻找更加有效的方法；当感到自己在做的事情有难度时，提醒自己——走出"舒适区"、进入"挑战区"是成长的必经之路。想想自己还有什么方法可以尝试？还有什么资源可以利用？

3）总结反馈。

坚持做一件事能够让我们的大脑神经元之间的连接更紧密，通过坚持自己的小目标来"升级"自己的大脑吧！

3. 常见问题与解答

◆ 学生说自己完成不了计划主要是由于外界原因（如家长、老师），我该如何回应？

首先，教师应表示接纳和认可学生所说的内容，不假定学生在找借口。这种信任的态度是接下来有效沟通的关键。

其次，承认外界影响在日常的学习生活中是存在的，且有的时候是举足轻重的。例如，在学业任务的完成过程中，家长的辅助、教师的反馈，都是学生非常重要的资源和支持。

最后，帮助学生分析外界影响和计划一致的地方（而不是强化不一致），在学生力所能及的范围内寻找改善办法。例如，学生说家长不认可自己的学习计划，要求学生采用另外一套计划。这时，教师应帮助学生看到，家长之所以这样做，正是因为和学生有着共同的目标——提升学习效率、改善学习习惯等。但家长可能认为自己的计划更合理，就要求学生放弃自己的。此时，学生可以将自己设立计划的目标和过程讲给家长，寻求家长的支持和理解，并商讨一个亲子双方都认可的计划。

4.2.4　第4课　觉察、接纳并调节自己的情绪

◆ **正式认识一下情绪。**

情绪是一系列对外在事物的主观感受的通称，是多种感觉、想法和行为综合产生的心理和生理状态。它的组成部分包括：

- 生理成分：不同情绪伴随不同生理变化。比如面红耳赤、呼吸急促、心跳加速、手脚发抖等。
- 表情成分：情绪会伴随着人的面部表情、身体姿态、语气语调发生变化。比如嘴角上扬、身体后退、音调变高、语速变快等。
- 主观体验：这是对不同情绪情感的自我体验，比如面对老师的批评，有些同学会觉得羞愧、有些同学会觉得愤怒、有些同学会觉得委屈。

生活中有些情绪是与生俱来的、人和动物共有的，具有文化共通性，我们称之为基本情绪。历来基本情绪有不同的定义，通常我们认为基本情绪包含快乐、悲伤、愤怒、恐惧。也有一些情绪是后天习得的，由基本情绪的不同组合而派生出来的情绪，如羞愧、焦虑、自豪等。

◆ **情绪就像天气，有好有坏……**

情绪也有积极和消极之分。当客观事物符合我们的需求和期待时，我们通常会产生积极的情绪，如喜悦、幸福、快乐等。如果客观事物不符合我们的需求和期待，则通常会产生消极的情绪，如悲伤、难过、愤怒等。不论是积极情绪还是消极情绪，都具有两面性。

成长型思维系列课程针对不同学段的学业情绪特点进行设计，帮助学生在不同阶段达成不同层次的目标——能够及时地觉察和识别自己的情绪、逐渐对自己的情绪有更客观的理解，体验积极情绪和消极情绪带给自己的不同感受和对后续行为的影响。

◆ **但情绪更像我们的朋友，只要我们认真地对待它。**

心理学家们是如何看待情绪的？对于情绪的产生机制，有不同的理论解释，课程中对

于情绪的讲解主要是基于拉扎勒斯的认知评价理论（cognitive appraisal theory）。

拉扎勒斯认为，情绪是人与环境之间相互作用的产物。在情绪活动中，人不是在被动地接受环境中的刺激事件的影响，而是能够主动调节自己对刺激的反应。换而言之，情绪是在认知的指导下工作的，人能够通过对刺激事件的意义的认知来选择适当的情绪反应。因此，在情绪活动中，人们需要不断地评价刺激事件与自身的关系，以调整到合适的反应。

在成长型思维系列课程的情绪管理元素中，通过培养学生的成长型思维，帮助学生建立对事件的积极认知，从而产生积极的情绪和行为，帮助学生在学业行为中建立自信，促进学生学习上的积极行为，如图4-11所示。

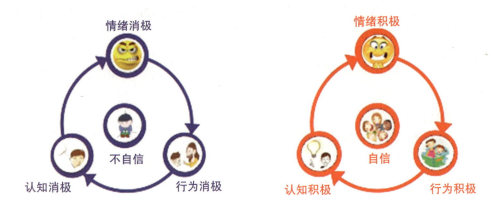

图4-11 认知—情绪—行为—自信之间的关系

1. 活动要点（见表4-5）

表4-5 本课活动要点

要点1	认识情绪、觉察自己的情绪，这本身就对情绪的调节有很大的价值
要点2	接纳不同类型的情绪，知道所有人都有积极和消极情绪，消极情绪也具有积极意义，不要让自己对于情绪的负面看法加重心理负担
要点3	知道情绪不只是情绪，它也是你的思维模式和认知模式的反应。通过改变认知，情绪也能得到改变
要点4	了解一些基本、有效的情绪调节方法

2. 活动方案

活动名称：情绪显微镜

（1）活动目标

1）认知目标：理解各种情绪都是正常的，成长型思维可以带来更多积极情绪。

2）情绪目标：体验自己的情绪。

3）行为目标：学习用改变思维模式、正念等方法管理自己的情绪。

（2）活动材料

1）纸笔材料：白纸，彩笔。

2）正念冥想指导语：回忆最近让你感觉非常强烈的一个负面情绪。闭上眼睛，感受这种情绪（如愤怒、悲伤、生气、担心等），想象这种情绪是一场很大的暴风雨，你可以想象这场暴风雨是什么颜色吗？云层密布的天空是什么颜色？空中有鸟在飞吗？你看那些云在移动，但天空是静止的。你要用什么风把云吹走？可以想象轻轻的风把云吹走吗？云走得快还是慢？现在天空看起来怎么样？云吹走后天空是什么颜色？

（3）活动过程

1）觉察并接纳情绪。

（a）教师呈现下面的情景，邀请学生想象如果自己遇到下面的情况会有什么感受？每个问题随机邀请1、2名学生分享。可以选择图4-12中的情绪脸谱来表达此时的感受。

- 同桌的书掉地上了，对方非说是我干的，我感到……
- 我在语文课上没有回答出老师的问题，我感到……
- 课堂上我没有讲话，可是老师误会我讲话了，所以当众批评我，我感到……
- 这次数学考试中我考了98分，是全班第一名，我感到……

图4-12　情绪脸谱样例

- 这个学期又快要结束了，感觉好多知识还没弄懂，我感到……

（b）教师反馈：生活中我们会遇到各种各样的事情，这些事情都会让我们产生不同的情绪。而且我们也会发现，即便同一件事情，不同的人可能也会有不同的情绪。

2）我的"情绪小人"。

（a）回忆自己这几天体验到的情绪；在自己的"情绪小人"里，把每一种情绪用一种颜色表达出来，并用色块的大小表示该情绪占据的时间和给自己带来的影响；在情绪旁边写出这种情绪背后发生的事件以及自己面对这件事的思维模式（成长型思维或固定型思维）。

（b）教师邀请2、3名同学分享自己的"情绪小人"。

（c）请学生分享不同的事件、不同的思维模式会带来怎样不同的情绪。教师给出反馈：所有发生的事件都是客观的，是我们的思维模式影响了我们面对这件事的情绪。在生活中，我们要尝试接纳我们的情绪，并通过反思和改变自己的思维模式来管理自己的情绪。

3）通过正念冥想体验调节情绪。

（a）教师邀请学生用舒服的姿势坐好。播放音乐，教师通过指导语指导学生开展正念冥想。

（b）邀请3~5名学生分享自己的感受。

(4) 相关研究

1) 青春期的情绪大脑。

从大脑发展来看,学生在成长过程中,大脑不同区域有不同的功能,发育速度也不同。

杏仁核位于大脑底部边缘系统,在进入青春期迅速发展,其功能是快速处理和表达情绪。而前额叶部分位于大脑前部,其功能是认知、思维、判断、决策等,发展相对缓慢,一般到青年阶段才会发育成熟。因此学生情绪调节能力比较弱,学习上遇到挫折与困难时比较容易陷入负面情绪。培养成长型思维,指导学生理解并及时调节情绪有助于学生稳定情绪,以积极的状态投入学习中。

2) 正念如何改变我们的大脑。

正念会让大脑的"理智"部分(前额叶)被激活,而让"不理智"的部分(杏仁核)失活;长期进行正念练习的人,专注度更高,在处理问题时也更冷静。

3. 常见问题与解答

◆ **如何结合成长型思维讲好这节情绪课?**

情绪是心理健康教育中最常见的主题之一,几乎所有学生都不止一次地听过情绪主题的课或讲座。成长型思维系列课程中的情绪课有什么不同?如何能够紧密结合成长型思维来讲好这节情绪课?

首先,教师需要把握住这节情绪课的重点:事件本身不是引起情绪的直接原因,我们看待事情的思维模式才是决定我们情绪的关键。例如,在面对自己考试成绩不理想这件事时,一开始,成长型思维和固定型思维的同学可能都会觉得有点沮丧;但成长型思维占主导的同学很快会把注意力集中在自己失误的具体原因上,客观分析自己在哪些方面做得还不到位,然后集中精力改善自己,心情也就从沮丧低落变成了充满干劲;而固定型思维占主导的同学可能会认为自己就是不擅长这个科目,自怨自艾,深陷于自己失败的痛苦之中难以自拔,或者假装潇洒,假装自己并不在乎。无论是哪种反应,固定型思维都会给我们带来持续的负面情绪,而且这种情绪并不能帮助我们变得更好。

其次,教师可以用以下话语来促进学生的自我觉察:"你体验到什么情绪?你的这种情绪背后反映了怎样的想法和思维模式?"通过这种方式,教师可以帮助学生理解认知对于情绪的重要作用,将情绪和思维模式紧密结合起来。需要注意的是,在有些情况中,例如看到他人失败时,拥有固定型思维反而会给人带来更多积极情绪(例如幸灾乐祸)。教师要帮助学生辨析这种积极情绪是否"健康",即它能给自己和他人带来好的结果吗?如果不能,这就不是一种"健康"的积极情绪。

最后,通过改变思维模式来改善情绪的方法是需要长期的实践和反思才能见到效果的,教师应在课堂上将"通过改变思维模式来改变情绪"的理念传达清楚,并且用一些能够快速见效的情绪管理方法(例如正念冥想)作为补充,以提升学生在课堂上的体验感。

Chapter 05

第 5 章　成长型思维系列课程——资源模块

在成长型思维的课堂上，老师正在带领同学们完成"优点刮刮乐"的活动。当同学们收到其他同学给自己写的"优点卡片"，并一点点刮开卡片看到里面的内容时，没有一个不是脸上带着兴奋的笑容，还有的同学惊喜地笑出了声。

老师邀请几位同学分享一下自己的卡片，一向积极的小 A 举起了手，分享到："有的同学觉得我很热心，这我知道；还有的同学居然说我很细心，这个我自己都没发现……"老师问："是哪位同学给小 A 写下了细心的评语？"坐在小 A 后面的小 B 举起了手，起立说："就是有一次，小 A 从前面传卷子给我，当时我不在位子上，她很细心地发现我的水壶没盖盖，就帮我盖上了。后来我同桌告诉我的。"

听到这番话，平时爽朗的小 A 脸上竟然露出一丝羞涩的笑容。老师高兴地示意小 B 坐下，反馈到："原来我们班热情的小 A 也有细心的一面！看来我们自己有时候都不了解自己的很多方面，需要通过他人这面镜子来照一照，了解自己是我们一生的功课……"

5.1　资源模块简介

在本节内容开始前，请你思考以下问题，并带着这些问题阅读本节的内容：
（1）你认为，资源模块的课程应该达到什么样的效果？学生可能会产生怎样的变化？
（2）为了达到这种效果，你认为资源模块的课程中最关键的一点是什么？
（3）你还可以为资源模块的课程做哪些准备，以使得你的课堂更加有说服力？

5.1.1　资源模块由哪些部分组成

在成长型思维课程中，资源模块是作为一个支持性的角色存在的，如果把思维模块比作"发动机",那么资源模块就是"燃油"。毕竟,一门课程只能陪伴学生走过一段时间,如果在未来漫长的学习和生活中,学生能够了解自我、发掘自己所拥有的内在与外在资源,学生就能不断地从中获得能量,支持他们在成长的道路上持续前行。

资源模块的课程目标不在"授之以鱼",而在"授之以渔",通过帮助学生获得一套了解自我、悦纳自我、获得良好人际关系和外在资源的方法,来帮助学生开掘一座取之不竭的"燃油井",为未来长期的发展提供资源。在学生的日常学习生活中,资源模块的主题是觉察和利用内外部资源,其中包括两部分:一是内部资源——主要课程目标是了解自我、悦纳自我,发扬自我的优势;二是外部资源——主要课程目标是建立良好的师生关系和同伴关系、求助和获取支持,如图 5-1 所示。

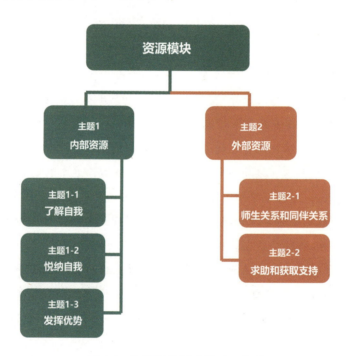

图 5-1　资源模块活动关系示意图

5.1.2　面对不同学龄的学生,应如何开展资源模块的课程

在不同学段的成长型思维系列课程中,我们选取了资源模块中的不同主题进行讨论,来适应学段和年龄特点。首先,在内部资源部分,关于了解自我、悦纳自我的主题出现在了所有学段中,因为了解与悦纳自我是学生心理健康发展的一个重要组成部分,且学生在不同年龄段的自我发展各有其特点,因此在所有学段中皆非常重要。其次,在外部资源部分,我们根据中小学生的社会交往特点,选取了每个学段最突出的社会关系作为该学段的课程重点。例如,在小学低年级和中年级,建立良好的师生关系是学生能否在学业中表现良好的重要指标;在小学高年级和初中年级,儿童青少年最看重的社会关系逐渐转变为同

伴关系，因此我们的课程也依据这些重点进行了讨论。

接下来，我们将具体讨论每个主题的含义和相关的知识背景，以帮助读者更好地理解课程的内容设计，并在理解的基础上进行一定的调整和创新。

5.2 资源模块课程内容

5.2.1 第1课 这就是我

◆ 当我们谈论自我时，我们到底在谈论什么？

了解自我、悦纳自我是心理教师非常熟悉的主题，它是中小学心理健康课程中非常重要的一个模块，也是儿童、青少年身心健康发展过程中的一个必须讨论的话题。正如前面章节提到的，成长型思维能够促进自我概念的灵活性和多样性，进而提升学生的自尊，以及自我效能感，最终提升心理健康水平和学习成绩。在成长型思维的教学中，了解和悦纳自我，不仅包含对自身优势、特点的了解，更重要的是教会学生自我接纳和自我肯定。

结合学生的自我意识发展阶段，活动要体现出相应的特点。例如，在小学低年级，自我认识要结合小学生活的适应情况，帮助学生发现自己已经拥有的学业和生活能力，提升学生在学校和课业中的自信。到了小学中年级，学生的抽象思维能力得到了大幅度发展，可以帮助学生理解"每个人都是独一无二的，要接纳和欣赏这种独特"。到了小学高年级，学生的自我意识得到了一定深化，能够对自我进行比较深入的思考，可以让学生多角度、立体地剖析自我，从而加深对自我的悦纳，也增强对他人的包容。到了初中阶段，可以结合"乔哈里窗"等心理学概念，为学生在自我认识方面增加时间维度，帮助学生理解自我的复杂性和可变性，结合成长型思维的发展眼光，开启改变自我的更多可能性。

无论面对哪个阶段的学生，都需要结合学生的年龄特点来探索自我、悦纳自我。最重要的是，活动一定要包含对学生自我特点和优势的肯定，并将这种自信联系到学生的学业方面，鼓励学生将其作为一种强大的内部资源来运用。

1. 活动要点（见表 5-1）

表 5-1 本课活动要点

要点 1	我是一个独特的人，与其他任何人都不同
要点 2	每个人（包括我和其他任何人）的身上都有很多特点，有优点，也有缺点，也都有其独特的价值所在，是值得尊重和肯定的
要点 3	我们有许多等待发展和探索的部分，当拥有成长型思维时，我们就可以有意识地培养自己那些希望拥有的品质

2 活动方案

活动名称：这就是我

（1）活动目标

1）**认知目标**：认识到每个人（包括自己和他人）都是独一无二的个体，对自我有更全面、客观的认识。

2）**情绪目标**：接纳自己，因为自己的独特而感到自信。

3）**行为目标**：能够在日常的学习和生活中发挥自己的优势，发展自己的特点。

（2）活动材料

1）**"这就是我"个人作业纸**：A4 尺寸，每人 1 张，设计样例如图 5-2 所示。

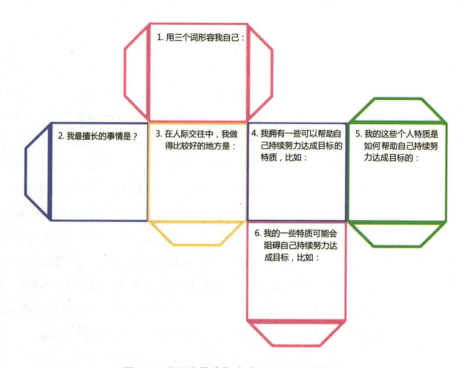

图 5-2 "这就是我"个人作业纸设计样例

2）**手工工具**：剪刀、彩笔、双面胶（或胶水），每组 1 套。

（3）活动过程

1）**形成小组，分发教具。**

学生形成 4 人小组，每组发放 4 张作业纸和 1 套手工工具。

2）**教师说明活动规则。**

- 每位学生用笔填写六面体上的问题答案。
- 用剪刀将六面体按轮廓剪下，按线折叠成立方体，并用胶水将之粘贴牢固。
- 每位组员都制作完成后，组员轮流投掷自己的立方体，并分享朝上一面的问题答案。

其他组员认真倾听并给予成长型思维反馈。

3）学生分组完成立方体制作并分享。

学生按照规则完成立方体的制作，教师在组间巡视并解答问题。当绝大多数学生完成立方体制作后，教师提示各组可以开始进入投掷和分享环节。

4）学生分享活动感受和收获。

教师把握活动时间，在大多数小组分享若干轮后，宣布活动结束。教师邀请几位学生向全班分享自己和小组的活动情况和感受，并给予反馈和鼓励。分享过程中，教师引导学生对自己和他人的个人特质进行接纳和欣赏，怀着开放和包容的心态来发掘自己和他人的特点。教师要尤其强调，绝大多数个人特质没有好坏之分，要看拥有之人如何对其加以利用，使之成为促进自己进步的内部资源。对于那些希望自己未来可以发展的优势，应当用成长型思维来看待和培养。

(4) 设计思路

这个活动的目标是帮助小学高年级的学生进行更多层面、更深层次的自我探索。在设计时，我们通过六面体来形象地比喻自我的多面性，通过在每个面上设计不同的问题，帮助学生从多个维度来思考自我的特点。在自我探索完成后，学生将平面的六面体折叠粘贴成一个立体的骰子，并通过随机投掷的方法来轮流向他人分享自我特质中的不同方面，在充满趣味的活动过程中帮助学生理解和接纳自我和他人的多面性。

在活动实际实施的过程中，学生都非常喜欢这个活动，投入度高，气氛也十分热烈。在投掷分享的过程中，自我意识强烈的小高学生们都非常乐于用这种有趣的形式来表达自我。在倾听其他人分享的过程中，学生会听到其他人和自己在同一个问题上的不同回答，从而体会并接纳人与人之间的差异；也能发现不少相同点，从而提升学生在社交中的认同感和归属感。在时间允许的情况下，建议教师给小组活动多留一些时间，让每位学生都能比较充分地表达和交流。活动结束后，教师也应邀请学生们从多个角度来分享自己的感受和体会，鼓励学生表达真实的体悟，教师给予最大程度的包容和肯定即可。

3. 常见问题与解答

◆ **学生可能会问："如果我在某些方面不如别人，就是缺点吗？"**

对于这样的问题，教师应毫不犹豫地给出否定的回答。俗话讲"人比人，气死人"，"不如别人就是缺点"的说法是一种典型的固定型思维模式，甚至是中小学生群体中很多常见心理健康问题的重要来源。我们在认识自我的过程中，可能免不了要与他人比较，但更重要的是关注自我的成长与改变。况且我们每个人身上的优点和缺点也并不是绝对的、永恒的，很多曾经拥有的优缺点可能会消失，也会随着成长过程产生很多新的优缺点；以前的优点可能会变成缺点，缺点也会变成优点，是一个持续动态变化的过程。教师应结合学生年龄特点和接受程度来阐明这个道理，例如结合中国文化中的辩证思想来进行解释。

◆ **学生可能会问:"优点都是好的,缺点都是不好的吗?"**

在成长型思维课程里,教师可能会不止一次地遇到类似的问题——成长型思维就是好的、固定型思维就是不好的吗?积极情绪就是好的、消极情绪就是不好的吗?在这类问题面前,教师应引导学生形成一种辩证、包容的观点。虽然我们鼓励大家拥有更多成长型思维、积极情绪和优点,但这些事物的对立面并不是绝对不好的。它们广泛存在于我们生活中的方方面面,每个人都不可能绝对摆脱它们,也不需要对它们持有一种绝对摒弃的态度。确切地说,如果我们无法接纳自己的固定型思维,则很难培养出成长型思维。所以,不妨先学会接受自己身上的这些部分,用客观、宽容的态度来看待,然后在自己力所能及的范围内将其转变为积极的一面。对于理解能力较强的高年级学生,教师还可以适当带领学生探索,这些所谓的消极事物的存在具有哪些积极的意义——例如消极情绪可以帮助我们远离危险等。

◆ **学生可能会问:"人的性格和特点是天生的吗?"**

学生的这类看法其实反映了一种传统思想,即俗话讲的"三岁看大,七岁看老"。实际上,人们不仅在智力和能力方面存在成长型思维,在人格方面也是一样。德韦克教授的研究表明,如果学生认为性格是天生确定、永远不会改变的话(也就是持有一种固定型的人格观),那么在接下来的学校生活中,一旦遇到人际交往中的困难和挑战,就可能会体验到更多的压力,遭遇更差的健康状况,学业成绩也会受到影响;而相信性格可以随着时间而改变的同学,其压力下的韧性更强,健康状况更好,且学业提升也会更多。

5.2.2 第2课 我和我的老师

◆ **师生关系和同伴关系是学生在校园中的重要支持。**

良好的师生关系和同伴关系很大程度上决定了学生的校园生活质量,也直接和间接地影响着学生的学业表现。专门研究心理弹性的心理学家库普弗认为,个体所处环境中包含的支持性资源对于其能否有效应对外界的压力与问题至关重要。个体的资源越多,就越能够有效地降低或缓解外界压力所造成的负面影响。

在针对师生关系开展活动时,最关键的要点是结合学生的社会关系发展阶段。例如,在小学低年级,学习任务还没有那么重,教师对于学生来说更像一个新生活的引领者。因此,活动要着重通过建立积极的师生关系来帮助学生适应小学的学习和生活。在小学中高年级,部分学生可能会出现对教师的逆反心理,因此活动可以着重从学生的角度去认识和理解教师,增进师生之间的理解和积极情感。在初中学段,学生与同龄人的交往逐渐"小团体"化,班集体的意识逐渐淡化,因此活动应帮助学生加强"大集体"意识。

良好的师生关系和同伴关系本身就是学生可以借助的外部资源,能够在学习和生活中给予学生强大的支持;此外,良好的社会交往也能够增进学生的自我效能感,促进学生的各种校园表现。

1. 活动要点（见表5-2）

表5-2 本课活动要点

要点1	教师各有特点，他们在用各自的方式关爱着我们的学习和成长
要点2	了解自己的老师，尝试发现每位教师带给我们独特的帮助
要点3	有意识地增加与老师的积极互动，尤其是能够带来学业进步的互动

2. 活动方案

活动名称：我和我的老师

（1）活动目标

1）认知目标：通过回忆和反思自己与老师的相处，增加对老师的认识和了解。

2）情绪目标：通过回忆与老师相处的感受，着重体验对老师的积极情绪。

3）行为目标：通过活动增加对老师积极方面的了解，通过积极沟通等增进师生关系。

（2）活动材料

1）"我和我的老师"个人作业纸：A3白纸，每组1张。

2）手工工具：彩笔若干，每组1套。

（3）活动过程

1）形成小组，分发教具。

将学生分为4人小组，每组学生自主讨论并选定1位任课教师。

2）教师介绍活动规则。

每组选出1名组长，组内成员一起为选定的任课教师画1幅画，并写出这位教师的3个关键词。这3个关键词需要组内成员协商一致，尽量客观公正，最好有相应的故事和例子作为关键词背后的佐证。

3）学生分组完成作画。

教师在组间巡视，解答疑问，帮助没有思路的小组启发思路。

4）学生分享活动感受和收获。

教师把握活动时间，在大多数小组完成画作和关键词之后，宣布活动结束。邀请各组组长依次上讲台分享画作、关键词以及背后的故事。教师对分享予以肯定，并在活动最后进行总结，引导学生看到各位教师积极的一面，和教师建立融洽的关系。

5）后续活动。

请每组学生派代表将画作送给相应的教师。

（4）设计思路

本活动的目标在于通过画像来增进学生对于教师的积极感情，从学生的角度增进师生关系。在小组内讨论教师的形象和关键词的过程中，学生一边回顾自己和老师之间发生过的故事和感受，一边倾听其他学生对这位教师的印象，形成对于教师的更加立体、全面的认识。由于各组讨论的教师都是由本组成员自主选定的（学生们通常会选自己比较喜欢的教师），因此学生们基本不会给教师写下不好的评价。另外，教师需要事先强调，这幅画像是要在课下送给教师本人的，也可以进一步保证学生不会故意捣乱给教师"差评"。

3. 常见问题与解答

◆ **学生可能会问："如果我不喜欢我的老师/同学/班集体，该怎么办？"**

这样的问题常常出现在适应不良的学生身上，他们可能是班级里的"捣蛋鬼"，也有可能是不大爱说话的"小透明"，这些学生通常也是不大受其他同学欢迎的。如果教师发现有学生有这样的问题，为了不在课堂上引起其他同学的负面反馈，可以先正常化，告诉孩子"我们都会有喜欢和不喜欢的时候，这很正常"，并举一些同学、名人的例子，采用关注成长改变的解释方式，还可以在课余时间与该同学进一步沟通，了解情况，探索解决方案（如与班主任沟通、介绍学生参加团体辅导等）。

5.2.3 第3课 我的资源宝库

◆ **发现资源，合理使用资源。**

在学业和生活中，学生不免会遇到各种各样的问题。在解决问题的过程中，能否积极、有效地运用自己的特点、能力和品质（内部资源）；在自己力所不及的时候，能否主动、合理地求助于外部资源，是学生能否顺利解决问题、提升自我效能感的关键因素。

在之前的两个主题中，我们已经帮助学生充分了解了自身所拥有的内部资源和外部资源。在这个部分，我们主要通过模拟学业中可能遇到的困难场景，来帮助学生"演练"如何运用这些资源。课程中，我们将内外部资源比喻成宝藏、金矿等，通过通关游戏的形式让学生集思广益，收集和盘点自己可用的资源以及运用资源的合理方法。

1. 活动要点（见表5-3）

表5-3 本课活动要点

要点1	自己所具有的特点、能力等是自己拥有的内部资源；身边的老师、家长、同学、书籍、网络等是自己拥有的外部资源
要点2	在学业中、生活中遇到问题时，要主动、合理地运用自己的内部资源和外部资源来解决问题

2. 活动方案

活动名称：我的资源宝库

（1）活动目标

1）**认知目标**：能够梳理出自己的资源宝库。

2）**情绪目标**：体验到有资源支持的积极感受。

3）行为目标：在需要的时候能够找到合适的资源、寻求支持。

（2）活动材料

"我的资源宝库"个人作业纸：A4 尺寸，每人 1 张，设计样例如图 5-3 所示。

图 5-3 "我的资源宝库"个人作业纸设计样例

（3）活动过程

1）形成小组，发放教具。

学生形成 4 人小组，每组发放 4 张作业纸。

2）教师讲解活动规则。

每名学生填写自己的作业纸的第一栏"我的资源宝库"，将能够帮助自己学习和生活的有效资源写或画出来。填写完成后，组员轮流分享自己的资源宝库，随时将从其他人身上学到的有价值的资源，记录在自己作业纸的第二栏"同学给我的启发"中。

3）学生分组完成作业纸和分享。

教师在组间巡视，解答问题。在大多数学生填写完成后，提示各组可以进入分享讨论环节。

4）学生分享活动感受和收获。

当大多数小组完成讨论后，教师宣布活动介绍。邀请几名同学分享自己的作业纸，以及在活动中的想法和感受。教师引导总结，我们身边的资源非常丰富，在学习和生活中遇到困难的时候，不要忘记使用这些资源。

5）家庭作业。

请学生将作业纸带回家,与父母或其他家人分享自己的资源宝库,并请他们提建议,填写在作业纸的第三栏"家人给我的启发"。

(4)设计思路

小学中年级的"资源宝库"活动是通过反思—讨论的形式,帮助学生把自己所具备的资源梳理出来,在未来需要的时候作为一个可以使用的"宝库"。为了适应小学中年级学生的特点,我们鼓励学生用写或画的灵活形式来呈现自己的资源。在讨论环节,学生之间的交流可以帮助学生们打开思路,将他人提出的好想法也记录下来,丰富自己的"宝库"。作业纸最后一部分的目的在于帮助学生进一步打开思路,获取来自父母的各种支持。同时,这个作业本身也可以提醒父母反思:在孩子需要的时候,作为家长可以提供什么样的帮助。

3. 常见问题与解答

◆ **学生可能会问:"如果我的内部资源有用,就不会存在需要解决的问题了吧?"**

教师可以这样回答:当你努力、坚持、尝试想办法时,就已经是在利用自己的内部资源了。我们需要有意识地分析和思考问题,然后探寻如何合理地利用自己所有可以利用的内部资源(比如以往你曾解决过类似问题的经验),去尝试一些自己平时不会用到的能力和品质。创造性地使用自己的内部资源来解决问题,这本身就是一种成长型思维。但是,如果没能完全依靠自己的内部资源解决问题,也不意味着自己的内部资源是没用的,它可以帮你解决一部分问题,但是成功需要"内外结合",任何一个优秀的人都需要团队协作,个人的能力总是有限的,利用外部资源能够延伸自己的能力,让我们获得之前难以取得的成就,如果遇到困难,一定不要一个人扛着,要及时主动地向同学、教师、家长等成年人求助;教师也可以通过个人经验、名人事例等阐述团队协作的重要性。

5.2.4 第4课 强者的行为

◆ **唯有强者敢于求助。**

当内部资源在解决问题过程中无法有效地发挥作用时,学生需要积极、合理地向外部资源寻求帮助。这是一种意识,更是一种能力。然而在固定型思维的学习环境中,很多儿童、青少年的求助意识和能力会被抑制——他们可能会有一种观念,认为"求助是丢人的",或者"求助说明你是一个弱者",这些都可能带来潜在的学业和心理问题,教师要力求在本主题的课程中为学生打破误区,形成积极、合理求助的意识和能力。

在很多情况下,求助确实不是那么容易说出口的。心理学研究表明,"向别人寻求帮助"这种想法本身就让我们不太舒服,因为它在一定程度上相当于在承认自己有无能之处,会对自尊产生威胁,甚至会引起和生理疼痛同样真实的社会疼痛。但如果人们能够克服这种"承认自己有弱点"的心理障碍,那么寻求帮助本身就不会那么困难。有研究发现,求助者通常会低估自己获得他人帮助的概率。换而言之，其实大多数人都比我们想象的更愿意帮忙。

当然，我们所倡导的并不是学生一遇到问题就立刻求助，然后把解决问题的主导权交出去；而是学生在自己尝试无法解决之后，向他人求得一些关键性、方法性的帮助，但还是由自己来主导解决问题。在心理学中，这种对于成长更有价值的求助叫作"工具性求助"。

1. 活动要点（见表5-4）

表 5-4　本课活动要点

要点1	每个人都有需要帮助的时刻，需要帮助不意味着羞耻
要点2	在求助的时候，要请他人指点问题的关键点、提供可使用的策略，而不是请他人包办解决
要点3	每个人都有帮助他人的能力，要经常发挥自己的优势，主动帮助他人

2. 活动方案

活动名称：强者的行为

（1）活动目标

1) 认知目标：能认识到求助不是弱者，而是强者的行为。

2) 情绪目标：愿意并勇于在需要的时候求助，并能够积极回应他人的求助。

3) 行为目标：在遇到困难需要求助的时候，能够发布求助信息，并且也能够有效帮助他人。

（2）活动材料

1) "强者的行为"个人作业纸：A4白纸，每组1张。

2) 手工工具：水彩笔若干。

（3）活动过程

1) **形成小组，发放教具。**

学生形成8人小组，选出1名组长，给组长发放1张A4白纸用于记录。

2) **教师讲解活动规则。**

组员在组内轮流说出自己在学业或其他方面正在面临的困难，以及自己为了克服困难而尝试的努力，小组其他成员给出反馈，包括对他/她努力的肯定以及其他可以尝试的办法。所有组员分享完毕后，由大家共同讨论出一个在组内比较具有普遍性和代表性的困难，组长将其写在纸上，然后向全班发布求助信息。全班同学对各组发布的求助问题进行讨论，最后汇总出大家都认为不错的3~5条解决策略。

3) **学生分组活动。**

教师在组间巡视，解答疑问。

4）学生分享活动感受和收获。

所有小组发布信息后，教师邀请几位同学分享活动的感受和体会，引导学生发现主动求助的益处。教师可以总结以下关键点：大家都会有很多有关困难和挑战的体会和经验，正确地向人求助，可以得到很大的帮助；同时，只要已经努力尝试过解决问题了，求助并不意味着自己很弱小……

（4）设计思路

小学高年级正是学生自我意识飞速发展的阶段，具体表现为希望老师和家长把自己不再当作小孩对待，希望在同龄人中建立威信或良好的人际关系，看重他人对自己的看法，希望维护在他人心目中的完美形象，等等。这些都是学生自我意识发展过程中的常见表现，这些表现没有对错之分，但有时会对学生和他人的正常交往产生负面影响。通过打开心扉，坦诚交流，学生就会发现，原来每个人都有着各种各样的烦恼，遇到困难本身并不代表自己能力不足，通过一起整理困难、上台发布的方法，学生还可以发现求助并不是丢人的行为。此外，把自己的难题说出来后，学生可能也会发现，通过学习别人的经验可以更加有效地解决问题。

教师在实际实施中，注意帮助学生把握对话的走向，区分可以解决的困难和需要接纳的事实，不要把求助会变成一个"集体抱怨会"。例如，"在数学学科遇到了瓶颈"是一个困难，而"数学太难了"就是一个学生暂时无法改变、需要先接纳再努力的事实。教师需要甄别这些差异，帮助学生把焦点放在可以改变的事情上。

3. 常见问题与解答

◆ **学生可能会问："如果求助的人不愿意帮我，或者没法帮助我，该怎么办？"**

教师应首先帮助学生接纳"求助未必能够一次成功"的现实，可以通过让学生换位思考、假设自己是被求助者的方式，来理解这一点。在面对这种情况时，不要气馁，也不要怨愤，可以向拒绝帮助的人多问一句"请问我还能够找谁来帮忙？／我还可以怎么做？"，也许他／她虽然不能直接帮助你，但是能够给你一个替代性方案。如果对方没能给出替代性方案，那么就寻找下一位可以求助的对象。此外，即使在最困难的情况下，老师和家长也都是你们坚强的后盾。

Chapter 06

第6章 "一次的力量"——单次成长型思维干预

金老师是一名初中班主任,通过学习成长型思维教学法,她发现成长型思维可以让学生"鱼和熊掌兼得",不仅能够激发学生的学习动机,还可以提升学生的心理健康水平。因此,金老师希望能在班里开展成长型思维的课程,提升学生的学习动机和心理韧性。但是,金老师带的是初三毕业班,教学安排紧张,课业任务繁重,学生学业压力较大,她根本没法抽出几节课的时间来开展相关课程。她希望能找到一种简短有效的方法,来培养学生的成长型思维。

我们相信,有很多教师,都像金老师一样,理解成长型思维对学生的重要意义,但是受限于紧张的教学安排,难以充分地开展各类成长型思维课程。那是否有一种简短有效、事半功倍的方法,来帮助学生有效培养成长型思维呢?本章将介绍单次成长型思维干预——一种通过单次干预(通常大约为45~50分钟)来提升成长型思维的方式。

6.1 单次成长型思维干预的简介

早期成长型思维干预大多通过教授大脑可塑性的方式来提升学生的成长型思维,虽然干预被证实有效,但这类干预模式通常内容比较丰富,需要多周完成,因此,为了更有效率地帮助学生提升成长型思维,有必要设计一种用时短、精准聚焦、适用范围大、可快速推广的干预模式。

好消息是,心理学家们经过数年的研究和实践,设计出了一种可以大规模推广的成长型思维干预。**研究结果显示,仅通过50分钟左右的干预(即单次干预),即可有效提升学生的成长型思维和学习动机,对于那些学业水平较低的学生帮助更大——他们的学业成绩能有大幅度提升。**

不仅如此，单次成长型思维干预还能同时减轻学生的心理压力水平，促进学生身心健康发展，收到"一举多得"的功效。 随着研究的逐步深入，这种短小精悍的干预被细分为两类：①聚焦改善学习动机和学习成绩的单次干预；②聚焦提升心理健康，降低抑郁和焦虑水平的单次干预。

虽然这两种成长型思维干预聚焦的内容不同，但是采用的干预流程和干预技术类似，且均可规模化地开展。

6.1.1 提升学习动机、学业成绩的单次成长型思维干预

在提升学习动机和学业成绩方面，2019 年美国心理学家在其国内开展的成长型思维干预获得了极好的效果。在 50 分钟以内，通过网络开展的规模化干预显著地提升了 13000 余名中学生的成长型思维和学业成绩，其中，对 STEM 学科成绩的提升效果尤为显著。该研究发表在《自然》杂志上后，受到了广泛关注——**该干预能够在一两节课的时间内，以极少的成本，规模化地提升学业成就和心理健康，具有极大的应用潜力。**

该干预的效果如图 6-1 所示，橙线（①）表示较低和中等学业成绩水平学生的学业成绩进步情况，绿线（②）则表示高学业成绩水平学生的学业成绩进步情况；横轴的 1、2、3、4 表示学校环境支持成长型思维的程度。

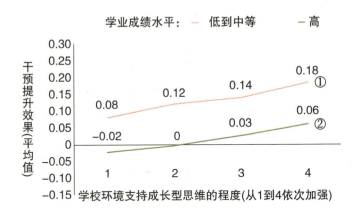

图 6-1 单次成长型思维干预对学习成绩的促进效果

（来源：取自参考文献 [49]）

这次干预对大部分学生的学业成绩均有提升效果，除非学生的成绩水平本身已经较好，且学校环境非常不支持成长型思维。对那些学业成绩水平较低的学生，干预效果普遍更好（即橙线整体在绿线之上）。同时我们还可以看到，当横轴的数字越大时，提升效果越好。这说明，越是处于一个支持成长型思维的校园环境中时，学生的获益也越多。这项研究结果发表后，各国研究者在不同学生群体中不断实践类似的干预内容，希望能够规模化地为学生成长型思维的培养提供助力。

6.1.2 提升心理健康的单次成长型思维干预

2018年的一项研究显示，针对青少年心理健康问题而设计的单次成长型思维干预，可以显著地降低青少年的焦虑和抑郁症状，并且效果可以持续9个月以上。 此外，单次成长型思维干预在降低青少年抑郁水平方面，较一般心理教育和支持有明显的优势，如图6-2所示。

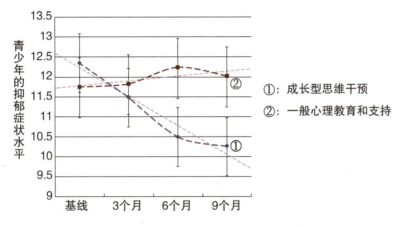

图6-2 单次成长型思维干预对降低青少年抑郁水平的效果

（来源：取自参考文献[39]）

一些研究者还发现，单次成长型思维干预不仅能够提升学生在面对困难和挑战时的韧性，还可以改善学生在面对各类压力时的生理指标，如心血管反应、皮质醇反应性等，最终促进学生的长期身心健康发展。

国外的多项研究发现，聚焦提升学生心理健康水平的单次成长型思维干预有两大突出优势：既可以为学校提供规模化的预防性干预、降低学生群体的抑郁和焦虑水平；又有助于提升青少年的心理健康素养，提升心理问题的及时就诊率。

6.1.3 成长型思维项目组的国内干预实践

许多国外研究均展示了单次成长型思维干预的积极效果，但是目前国内单次成长型思维干预的研究还非常单薄，少有人开发基于中国文化背景的单次成长型思维干预方案并开展干预效果的评估，成长型思维的重要作用和意义在我国尚未得到足够的重视。

2019年10月，本书主编北京师范大学心理学部林丹华教授带领成长型思维项目组在国内率先研发了基于中国文化的单次成长型思维干预方案，并开展了科学的干预效果评估，收集了初中生的基线数据以及在2020年6月到9月返校后的追踪测查数据。干预结果发现，干预后的追踪测查虽受到疫情的影响，但结果却出人意料：**经过单次成长型思维干预的学生，其学业自我效能感、学业投入等受新冠肺炎疫情的负面影响并不显著**；而未经干预的对照组学生，不仅自我效能感和学习投入的下降极为明显，还表现出更多的无助反应。

这一结果提示我们，在疫情等重大变化的影响下，单次成长型思维干预能够对学生的学业动机起到显著的保护作用。经过单次成长型思维干预的学生，其居家学习期间的成绩进步程度显著地高于对照组（见图6-3），而且干预对面临"疫情＋中考"双重压力的初三学生尤其有效——干预组学生的中考成绩显著地高于对照组，在疫情之下展现出了令人惊讶的效果。

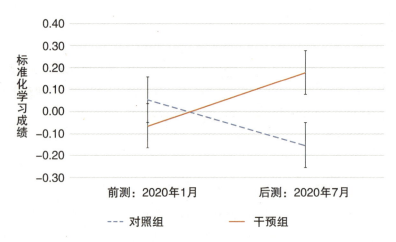

图 6-3　单次成长型思维干预对学业成绩的促进效果

（总样本量 n = 565；已控制年龄、年级、家庭收入和性别因素的影响）
（来源：本书主编北京师范大学心理学部林丹华教授成长型思维项目组内部数据）

以上研究仅是单次成长型思维干预研究的冰山一角，在大量的国外研究和国内实践中，单次成长型思维干预均展现出了较大的应用潜力。下面我们将抽丝剥茧，以聚焦学业的单次成长型思维干预为例，为大家展示这种一次性干预的原理，并讲解如何通过一节单次成长型思维干预，规模化地提升学生的学习动机和学习成绩。

6.2　单次成长型思维干预的实施要点——天时、地利、人和

看到这里，或许有的教师会有这样的疑问：为何"一次"就能有如此大的力量呢？大量研究显示，**成长型思维干预能够展现出"神奇"效果的原因在于其精准性**。很多经验丰富的教师都有这样的体会，一次短暂而触及心灵的体验即可对学生产生长期的积极影响，有时一番促膝长谈，或者是一节班会课，甚至可能是课上不经意的一句话，就能够产生非常奇妙的作用，帮助学生改变原有的观念和想法，使学生明晰自己的目标、更加努力上进，并最终得到发展和成长。

美国社会心理学家杰弗里·L.科恩和格雷戈里·M.沃尔顿对这种"短暂而触及心灵"

的教育艺术非常感兴趣,经过为期十多年的不懈研究,他们总结了这种教育艺术的核心要素,并提出了一些规模化的应用方案。

科恩和沃尔顿认为,如果教育能够在合适的时间、地点,并通过合适的方式,精准聚焦某些对当事人而言非常重要的议题,并提供一种可以带来积极改变的信念,如成长型思维等,就可以在短时间内帮助学生产生长期、积极的改变。 以上内容听起来会有些拗口,可以用一种我们熟悉的方式来讲,即教育干预能够同时满足"天时、地利、人和"3个条件的时候,可以最有力地帮助学生发展积极品质,如图6-4所示。

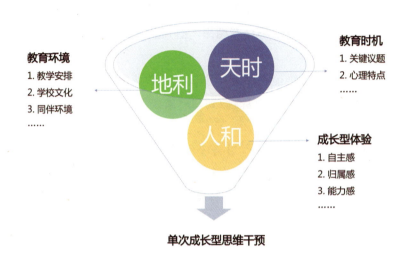

图6-4 单次成长型思维干预的应用要点

首先,"天时"是指有效的教育时机。 对教育者而言,准确把握学生的心理发展特点和关键教育议题,在学生最为需要的时候,给予恰到好处的帮助,才能够收到事半功倍的教育效果。

其次,"地利"主要是指学校环境因素,如教学安排、学校文化、同伴环境等,让学生的成长型思维拥有生根发芽的土壤。 例如,在课堂活动中加入成长型思维元素,可以使学生更加相信努力的作用,温暖支持的校园环境能够让学生更有归属感等。

最后,"人和"是指教师为学生创造的成长型思维体验,如自主感、归属感、能力感等。 "天时不如地利,地利不如人和",成长型思维体验能够给予学生积极成长的养分,帮助学生提升内部动机、克服不利发展环境、提升学习成绩和心理健康,并助力学生的积极发展。下面的内容里,我们将介绍如何将"天时、地利、人和"的精准干预原理用于单次成长型思维干预,从而最大限度地提升其效果。

6.2.1 抓住关键教育时机——天时

就"天时"而言,单次干预最好选在学生发展的关键时期,例如青春期。青春期是"内外交困"但又"充满潜能"的时期:学生不仅要面对新的学业挑战和困难,也要应对新的人际交往难题，同时还需要寻找和统合自我，为成年做准备，能否成功应对以上挑战，将直接影响未来学业和心理健康发展的结果。与此同时，学生的身心发展将在此时迎来第二个高峰，在身体发育、大脑功能、个性、社会性等方面均具有较高的发展潜力，如果学生在青春期能充分发挥自己的潜能，将更容易获得成长和改变。成长型思维对此时的学生发展非常有利。

首先，成长型思维有利于学业发展。随着课程难度的增加，学生会面临前所未有的学业困难和挑战。如果学生有较强的成长型思维，则会倾向于用掌握目标来应对困难和挑战，从而采用合适的方法应对这些压力；而如果学生的固定型思维更强，在困难和挑战面前则会倾向于采取无助反应，造成适应不良的结果。这两种不同的应对方式将最终带来学习动机、学业成绩的显著差异。

大量研究显示，成长型思维能够预测学生长期的学业成就，随着学业难度的提升，拥有成长型思维的学生即使一时落后，也能做到"后来居上"，而拥有固定型思维学生的成绩将会遭遇更多的下滑风险。

其次，成长型思维有利于心理健康。由于正处于青春期的这一成长转折期，学生在生活过程中会遇到很多新的挑战和困难，如适应新环境、和父母老师沟通、交朋友、自我管理、寻找生活的价值和意义等，如果这时学生持有成长型思维，相信"目前的困难是暂时的，人总是可以从挑战中学习成长"，其心理健康将会保持较好的水平，还能从挑战中磨砺自己，获得心理韧性。相反，如果学生持有固定型思维，则会认为这些困难和挑战无法改变，自己是"缺乏能力""差劲""不受欢迎"的，每一次挑战都可能会成为"过不去的坎"，最终导致一系列心理健康和行为问题，如抑郁、焦虑、攻击他人等。

在"内外交困"但又"充满潜能"的青春期，成长型思维作为一颗虽小但非常重要的种子，其积极的力量亦不可小觑，许多成长型思维研究一次次地证明了该结论。表6-1可以帮助你梳理关键的教育时机和教育议题，以便因地制宜地为学生开展单次成长型思维干预。

表6-1 单次成长型思维干预设计评估表

请你花30秒~1分钟时间思考一下你的学生的以下情况，并完成以下表格：

（1）我的学生是否正处于青春期等关键时期：是□　　　否□

（2）根据我的观察，我的学生在这一关键时期，最重要、最关心的议题是什么？

学业方面：_____

心理健康方面：_____

（3）根据我的观察，我认为我的学生在_____方面最需要成长型思维，原因如下：_____

6.2.2 培育成长型思维的土壤——地利

"地利"主要是指成长型思维的教学环境，其关键在于环境是否为个体提供了符合成长型思维的讯息、信念和暗示等。单次成长型思维干预要建立在支持性的环境中，才能发挥最大的作用。如果把单次成长型思维干预比作一颗种子，那么成长型思维的环境就是阳光和雨露，使得这颗种子能够生根发芽。国内外的成长型思维教学实践发现，成长型思维教学环境的核心特点是：重视学习和发展过程、帮助学生明确进步和成功、鼓励学生积极应对困难和挑战，以及提供练习和反馈的机会，如图6-5所示。

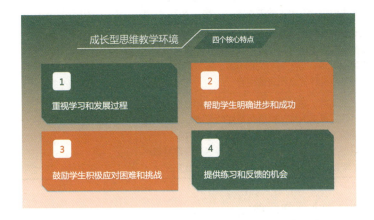

图 6-5　成长型思维教学环境的核心特点

下面我们将讲解如何从**教学语言、课堂活动和班级文化** 3 个方面来创设成长型思维教学环境，并帮助教师制作自己的"环境创设工具箱"。

1. 使用成长型的教学语言

表 6-2 分别从重视学习和发展过程、帮助学生明确进步和成功、鼓励学生积极应对困难和挑战以及提供练习和反馈的机会 4 个角度，展示如何在班级内创建成长型思维的环境。各位教师可以结合自己的教学经验以及对成长型思维的理解，写出喜欢的成长型思维教学语言，建立专属于自己的"环境创设工具箱"。

成长型思维环境创设工具箱 1——我的成长型思维教学语言

请想象一下，你现在就在讲台上，面前是你班级的学生，根据教学大纲的安排，你马上就要为学生们带来一门非常有难度的课程，在这门课上学生们将要面临很多学业挑战，甚至失败，你准备鼓励一下他们……

或者是另外一种情况——一位沮丧的学生在课后找到了你，他在课后练习中出现了很多错误，因此他觉得自己能力很差。你明白他非常努力，但是基础薄弱，所以需要一个过程才能掌握课上的知识……请你任选一个场景，写出自己喜欢的成长型思维教学语言，见表 6-2。

表 6-2　成长型思维教学语言

角度	教学语言举例	我的成长型思维教学语言
重视学习和发展过程	成长型思维：大多数同学能在这门课上取得满意的成绩，无论你之前成绩如何，只要你努力，并且找对方法就可以 固定型思维：你有能力，就可以学好这门课	
帮助学生明确进步和成功	成长型思维：如果努力学习，运用好的学习策略，并在需要的时候寻求帮助，即使开始表现不好，最后也可以表现得很出色 固定型思维：在第一次考试中表现良好，是一个好迹象。只要你能在下次考试中取得好的成绩，通常在学年结束时也会有出色的表现	
鼓励学生积极应对困难和挑战	成长型思维：如果你现在还不能做到，这不要紧，迎接挑战和发现错误总是我们成长的好机会 固定型思维：为了拿更高的分数，你可以有选择地放弃那些你觉得有点困难的内容	
提供练习和反馈的机会	成长型思维：在教师批改完作业后，你要修改你的作业，然后再交上来。错误是最好的老师，犯错误、认识错误、改正错误，会帮助你掌握这些内容 固定型思维：交作业时，无论你得多少分都是最终成绩。所以，注意你交的作业，不要犯错误	

2. 把成长型思维融入课堂活动

PISA2018 的结果显示，课堂活动能够直接决定学生的学业成绩和社会情感能力发展。作为教学目标的载体，课堂活动不仅承载传授知识技能的功能，还可以用于培养学生的成长型思维、学业坚韧性、自我调节和管理能力等。下面这个表格，将有助于你把成长型思维融入课堂活动中，把成长型思维潜移默化地传递给学生，帮助他们不断地获得进步。

成长型思维环境创设工具箱 2——我的成长型思维课堂活动

今天你的课堂活动开展顺利，学生们积极参与，纪律也不错，你觉得自己今天的教学目标可以很好地达成，这时……

（1）你提出了一个问题，学业水平中等的小王认真思考了一会儿，但是没有回答正确，学业水平不错的小李很快接着回答出了正确答案……

（2）小王提出了一个有创意的想法，但是他的思考还不成熟，同学们也不赞同……

（3）还有几分钟就要下课了，此时，A 小组的同学解出了一个非常有挑战的问题，你觉得这是一个不错的教育机会……

（4）下课后，你收集了学生们在课堂上的小组作业，小李在小组作业中有一些可圈可点的创意，但是你发现他的论证过程出现了逻辑错误……

如果以上情境发生在你的课堂中，你会采用什么样的成长型思维的教学方法？请写在表 6-3 中。

表 6-3 成长型思维课堂活动

角度	课堂活动举例	我的成长型思维课堂活动
重视学习和发展过程	成长型思维：注重教学过程，发动所有学生共同参与，无论学生上一次的表现如何 固定型思维：仅重视学习结果，或过度关注教学过程中表现较好的学生	
帮助学生明确进步和成功	成长型思维：在课堂活动、课后作业批改中指出学生的进步、不足和可以改进的方式 固定型思维：为了提升批阅速度，仅在活动和作业上批注"阅"，采用模糊的鼓励方式，或者给学生设定过于简单的目标	
鼓励学生积极应对困难和挑战	成长型思维：保护学生探索和挑战的愿望，鼓励学生在课堂活动中提出创新型的观点 固定型思维：仅注重"正确的"结果，忽视学生在"试错后修正"过程中的成长机遇	
提供练习和反馈的机会	成长型思维：在课堂活动后设置学生反思和总结环节，由教师对学生的学习过程进行反馈，并提出可以改进的方向 固定型思维：教师不对学生在课堂活动中的表现做反馈，或者未能有效激发学生在课后的反思	

3. 创设成长型思维的班级文化

成长型思维的研究者们一开始认为，如果能提升学生个体的成长型思维，整个学校环境即可向成长型思维转变。但后来，研究者们发现这一假设是错误的，真相恰恰相反——成长型思维的班级环境和学校环境才能决定学生能否长期拥有成长型思维。

我们可以想象一下，即使班级中开展了成长型思维课程，但是班级宣传栏中还是贴着测验成绩排名，那学生必然会对成长型思维感到动摇，课程效果必然大打折扣。如果学生进入具有成长型思维文化的班级中，即便一开始持有固定型思维，也能够慢慢地转向成长型思维。下面这个表格，将有助于你通过简单有效的方法，创设充满成长型思维的班级文化环境，使学生不断受益。

成长型思维环境创设工具箱 3——创设成长型思维的班级文化

你的班级中，在前后黑板附近以及墙壁上，都有一些旧的宣传栏和海报，你决定换一些和成长型思维有关的内容，来激励学生的志气、上进心和毅力……

请根据下面的示例，结合你的教学经验和学生情况，在表 6-4 中写一写你可以如何创设成长型思维的班级文化。

表 6-4　成长型思维班级文化环境创设

角度	环境创设举例	我创设成长型思维班级文化的方法
重视学习和发展过程	成长型思维：关注学生的成长过程，记录学生的改变和进步。例如在班级宣传栏中张贴获奖学生努力准备比赛和手持奖杯的照片 固定型思维：过度关注结果和表现。例如在班级宣传栏中仅张贴获奖学生手持奖杯的照片，忽视对学生成长过程的记录	
帮助学生明确进步和成功	成长型思维：为学生提供科学的策略支持。例如张贴"如何有效复习""怎么高效利用自习课"的海报 固定型思维：只督促学生努力，不提供策略支持。例如张贴一些"励志鸡汤"类的标语，忽视提供有效的学习策略	
鼓励学生积极应对困难和挑战	成长型思维：将困难和挑战一般化，并赋予积极意义。例如通过学长在应对失败中的成长经历，帮助学生认识到错误是常见、可以解决的，更是成长中必然会出现的 固定型思维：将困难和挑战视为能力不足的体现。例如通过学长的成功榜样，使学生认为"好学生"很少犯错误，且不用付出努力就可以学得很好	
提供练习和反馈的机会	成长型思维：在班级内营造"接纳和欢迎有价值的错误"的成长型思维氛围，例如建立一个"错题角"文化墙，鼓励学生将学习看成一个不断从反馈中修正的过程 固定型思维：在班级内营造"消灭错误"的固定型思维氛围，例如让每位同学均建立"错题歼灭本"，对错误给予批评，督促改正	

当你完成上面的环境创设表格，并在日常教学中开始使用后，就完成了有效实施单次成长型思维干预的第二步——初步创建了一个成长型思维的课堂环境，使得学生能够有效发展成长型思维；在你所创建的成长型思维环境中，即使是非常简短的单次成长型思维干预，也可以收到事半功倍的效果。

6.2.3　创造教学中的成长型思维体验——人和

"人和"是单次干预效果的直接决定因素——如希望在短时间内提升成长型思维，教师们需要在单次成长型思维干预中，和学生保持良好的人际互动，为学生创造难忘的成长型思维体验，尤其是要 尊重学生的自主感、归属感、能力感和自我价值感。中小学生对以上心理需求有较高的要求，因此在开展单次成长型思维干预中，需要注意以下几点：

首先，保护学生的自主感。不能告知学生自己是"被干预"的对象。教师向学生介绍本次干预的"目的"时，一定要采取非直接的介绍方式，切勿让学生认为自己是"需要被帮助的对象"，否则可能会唤起学生的反感，取得适得其反的效果。思维模式属于信念体系的一部分，人们通常倾向于维持自己的信念系统，所以接受一个新的信念并不是一件非常容易的事。尤其是对于那些本就具有较强固定型思维的人，这种信念的转变更加困难。因此，教师一定要巧妙地隐藏本次干预的真实目的。

具体而言，教师可以告诉学生"有一些最新的科学成果希望和大家分享"，或"低年级的学弟学妹们有一些困惑，请大家帮助出出主意"等，这种非直接的方式能够最大程度上降低学生的心理阻抗，达到更好的干预效果。

其次，教师需要帮助学生认识到，成长型思维是被学生群体广为接受的观点——有很多学生通过运用成长型思维，克服了困难和挑战，获得成长与改变。这种干预策略可以保护学生的群体归属感。一种可行的方法是强调成长型思维在学生中的科学性，以及阐述学生群体对成长型思维的积极看法和反馈。

例如，在引入过程中，教师可以提及"很多同学都会遇到学业上的困难和挑战，而这些困难和挑战最终可以在成长过程中被逐渐克服"，或者"科学研究发现青少年时期是大脑成长的敏感期，在这时克服困难和挑战，你的成长机会将会更多"这样的成长型思维语言，使得学生感到本节课程的可信性。但是，如教师采用传统思政教育的方法，重复讲授成长型思维的意义，其提升可信性的效果将差强人意。一些研究显示，重复向青少年时期的学生讲授同一内容，甚至会激活他们愤怒情绪相关的脑区，导致效果大打折扣。

再次，在谈到本次活动的价值和意义时，教师要格外注意尊重和保护学生的能力感和自我价值感。这里需要强调成长型思维的社会价值，如"帮助低年级的同学""以你的成功经验帮助更多的人"等。大量研究显示，当处于青少年时期的学生认为自己是在参加一项富有社会责任感的任务、能够为他人带来积极的改变时，其成长潜能会被极大地唤醒。因此，教师需强调本次活动的价值和意义，并且充分赋能、赋权给学生，使他们觉得自己是能够为他人做出贡献的，是有价值、有能力的人。

创造成长型思维体验的方法不止一个，世界各地的研究者们采用了不同的方式，因地制宜地为学生创造了成长型思维体验，教师也可以根据具体情况采用合适的方法。以下表格将有助于你制订干预框架并开展活动——可以从你之前的教学总结、教案、课例中总结经验，开发出属于你自己的单次成长型思维干预材料。可以重点关注那些项目式学习、现象式学习，以及翻转课堂等能够充分发挥学生主动性的经验总结、教案、课例和资料等。如果你是刚入职的新教师，可以思考一下你打算用什么样的方式来帮助学生创造成长型思维体验，可参照表6-5。

表 6-5　如何更好地将成长型思维融入教育教学

请你根据你的学生的情况，花 5 ~ 10 分钟思考并回答以下问题（如果你是刚入职的新教师，还没有太多教育教学经验，可以思考你打算用什么方式帮助学生创造成长型思维体验）。

我们相信，每位老师都有充足的成长型思维资源，只是需要重新发现。

（1）我曾经采用过什么方式，激发了学生的兴趣，让学生主动积极地参与课堂活动？

_____

_____

（2）我曾经采用过什么方式，让学生信服某一观点/某些知识？

_____

_____

（3）我曾经采用过什么方式，让学生感到自己在活动中，是主动、有价值、被接纳的参与者？

_____

_____

（4）我曾经采用过什么方式，让学生相信自己能够成长和进步？

_____

_____

6.3　单次成长型思维干预的内容设计

如果你已经完成了以上所有的内容，你就可以着手设计干预的内容了。这里需要说明的是，单次成长型思维干预是一种精准干预，**要求教师较为深刻地理解成长型思维的概念内涵和应用方式，并且有一定的课堂教学经验**。因此，我们建议你先阅读完本书其他章的内容后,再使用本章介绍的方法来进行单次成长型思维干预。

单次成长型思维干预的效果与时长、节数无关,而与干预的精准程度有关;简而言之,如果干预同时满足了"天时、地利、人和"的要求,在合适的时间、地点,以合适的方式帮助了合适的人,即使时间很短也可以带来良好收益;反过来,如果以上条件不具备,即使费尽九牛二虎之力,也难以收到理想效果。

单次成长型思维干预的主要内容环节分别为:导入环节、科普信息(成长型思维)、科普信息(挑战和失败)、反思任务(策略和计划)、写作任务(经验分享),如图 6-6 所示。

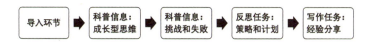

图 6-6　单次成长型思维干预的 5 个主要环节

首先,导入环节的形式和内容与学科课程类似,但更注重唤起学生的兴趣,营造有归属感的课堂氛围,还需要降低学生可能的阻抗心理。其次,成长型思维、挑战和失败两个环节是相应的科普内容,帮助学生学习和内化成长型思维。再次,策略和计划环节要帮助学生反思学习策略,并领悟学习策略对成长的重要意义。最后,学生通过丰富多彩的经验分享活动,将自己的有效经验分享给他人。

各环节的内容之间均具有内在逻辑,互为补充,缺一不可,本节将一一介绍这些环节的设计要点。表 6-6 展示的是单次成长型思维干预方案中的一种,以供参考,教师可根据实际情况对活动形式做调整和改进,例如,可以增加小组讨论、绘制海报、辩论、演讲展示等丰富多彩的活动形式。

表 6-6　单次成长型思维干预方案样例

环节	干预内容	干预目标
导入环节	(1)介绍本次干预的目标 (2)强调成长型思维的可信性 (3)介绍本次活动的价值和意义,营造有归属感的课堂氛围	(1)引入 (2)唤起兴趣 (3)降低阻抗 (4)营造有归属感的课堂氛围
科普信息:成长型思维	(1)成长型思维知识 (2)成长型思维和学业的关系	(1)加深学生对成长型思维的理解 (2)帮助学生认识成长型思维的普遍性和广泛性 (3)帮助学生意识到自己的成长潜力
科普信息:挑战和失败	(1)成长型思维和挑战 (2)失败的意义	内化积极挑战观和积极失败观的相关知识,鼓励学生更好地应对挑战和失败
反思任务:策略与计划	(1)"书山有路巧为径"——学习策略的意义 (2)反思有效的学习策略	提醒学生策略使用的意义和价值
写作任务:经验分享	(1)学生分享成功应对困难和挑战、获得成长和改变的经历 (2)制订可以在未来使用成长型思维的计划	强化成长型思维的积极信念,帮助学生把成长型思维和自己的学习、生活经验进行有效结合,巩固效果

6.3.1　导入环节

单次成长型思维干预的课程导入环节可以采取导入视频、教师介绍、学生分享、小活动等丰富多彩的形式，**其目标在于强调成长型思维的可信性，介绍本次活动的价值和意义，同时营造有归属感的课堂氛围。**导入部分需要简练而有力，且不能占用过多课堂时间。具体的导入策略，可以参考本章"人和"部分，以及第 8 章的内容，在此不再赘述。

> **导入话术样例**
>
> （1）今天我们将分享一些帮助了很多同学的脑科学知识……
>
> （2）这里是之前同学们对成长型思维的看法……为什么大家都会觉得成长型思维很有帮助呢？
>
> （3）大家已经都比较了解初中的学习生活了，但你的学弟学妹们可能还很担心能不能很好地适应初中生活，请你分享你的经验，帮助他（她）们获得成长和进步吧！

6.3.2　科普信息：成长型思维

本环节主要是讲大脑可塑性和成长型思维相关的内容，整体采用具有科普文章风格的材料，并使用积极的、鼓励性的语言。由于青春期学生对新鲜事物有较高的敏感性和求知欲，教师在传递成长型思维知识时，可以充分发挥自己的教学特色，让知识生动有趣，例如采用类比等修辞手法，引用学生熟悉的生活事件、名人事例，使用多媒体材料等，以帮助学生更好地理解成长型思维。"成长型思维"环节的科普材料需要突出两个成长型思维的要素：一是"人人皆可成长，事事皆可成长"，二是"青春期是最佳的成长年龄之一"。本环节的目标在于帮助学生认识成长型思维的普遍性和广泛性，以及意识自己目前的成长潜力。

6.3.3　科普信息：挑战和失败

本环节主要是介绍挑战和失败相关的成长型思维内容。有调查发现，低学业水平学生更倾向于回避可能的挑战和失败。但是，挑战和失败是成长的必由之路，回避挑战和失败，也就毫无疑问地使这些学生失去了成长的机遇。因此有效的成长型思维干预不仅需要帮助学生理解成功之道，亦要帮助学生勇于面对挑战和失败。该环节和上一环节的呈现形式类似，也可采用科普材料、视频、名人事例等，并且需要突出两个成长型思维要素：首先，**"一般化"挑战和失败**，即帮助学生理解挑战和失败是非常常见的，无论当前成绩水平如何，每位同学在学习过程中都会遭遇挑战和失败。其次，**突出成长型思维的解释方式**，例如"失败之时恰恰是大脑成长的最好机会"等。在单次成长型思维干预中，挑战和失败环节的目标在于帮助学生以积极的视角看待挑战和失败，进而减少回避倾向，勇敢面对。

> **成长型思维/挑战和失败科普材料样例**
>
> 有困难的感觉往往说明我们在成长——面对挑战时，大脑神经元的连接最快，你的能力也提升得最迅速，就像优秀运动员不断地挑战和超越自我一样；可惜的是，当我们不了解成长型思维时，就可能会通过逃避挑战，来让自己感觉好一些。但是同样的，也失去了发展能力和优势的最佳机会。

6.3.4　反思任务：策略与计划

成长型思维教育不仅强调努力，也重视策略、计划的重要作用。但是，相对于策略（巧），中国传统文化更注重努力（勤），因此中国文化环境下的成长型思维干预需要更注重策略的意义。"策略与计划"环节聚焦的两个成长型思维要素如下：首先，**强调"不仅仅是努力，学习方法也很重要"的观点**，以帮助学生及时采用合适的学习策略，而不是仅凭一腔热情来学习。其次，**有意地使用成长型思维的理念来解释学习策略的重要性**，比如采用如下类比："合适的锻炼方法能让自己更强壮，而合适的学习方法能让大脑成长得更快"。"策略与计划"环节的目标在于帮助学生认识到策略对个人成长的重要意义。

> **策略与计划样例**
>
> 你可以在完成困难的任务时提醒自己：挑战和困难不会永远持续下去，因为当你面对和克服这些挑战和困难时，你的能力会越来越强，当然，也不要忘记学习策略这个好伙伴——例如主动向老师求助，想想过去自己有什么好的方法，或者花几分钟给自己制订个小计划等。

6.3.5　写作任务：经验分享

经验分享是单次成长型思维干预中的核心环节，也是最能够采取丰富多彩课程形式的环节，如制作成长型思维海报、绘制自己的成长经历漫画、"来自学长的一封信"，以及"学长经验分享"等活动形式均可以在这一环节中使用。

这一环节需要突出两个成长型思维要素：首先，**一定要让学生结合成长型思维知识，分享出自己真实的、克服挑战并成长的经历**。其次，**活动形式要充分引起学生的兴趣，并帮助学生梳理总结一些有助于成长的策略和方法**。总体而言，邀请学生进行经验分享时，需要使用恳切、能够唤起学生自我能力感、价值感的语言风格，并且提供明确的任务要求。经验分享环节的目标在于进一步强化成长型思维的积极信念，并帮助学生把成长型思维和自己的学习、生活经验进行有效结合，增强内化效果。

> **学生写作任务样例**
>
> 学生1："疫情来临，我们在家里上网课。有的同学不好好学习，但我们不能不好好学，我们是为了自己的梦想而学习。因为疫情我们的成绩可能不是很理想，但是不要放弃，我们要坚持，只要坚持不懈，没有做不到的事情，加油！不要因为在家里没有学好而苦恼，不会的可以问老师或同学，加油！"
>
> 学生2："生活中总会遇到困难和挑战，但是我们不要害怕，也不要退缩，就像曾经看到的一句话：无论遇到什么困难，不要害怕，微笑着面对它，克服恐惧最好的办法就是面对恐惧，坚持就是胜利！"
>
> 学生3："随着时间的流逝，你可能会感到一些不安与紧张，这时就可告诉自己：'有困难的感觉说明你的大脑在成长，失败和挑战都可以帮助大脑成长。而大脑成长了，能力就会提高'。你还需要使用合适的方法，不要偏科，当你发觉自己开始享受学习时，你就知道自己已经进步和成长了，这时你的不安和紧张就会消失。"

6.3.6 设计内容自查

表6-7可以用来帮助你进行自查，以确认在你设计的单次成长型思维干预中，每个教学环节是否达到了授课要求；只有所有要求均达到后，单次成长型思维干预才能收到较好的效果。

如果你自查后，发现以下表格里的要求均已满足，就可以进行单次成长型思维干预的备课和授课了。如果希望达到最佳效果，你可能需要多次地"磨课"和再修订。研究显示，成长型思维的内化过程本身比较缓慢且有波折，在单次干预后的3个月左右时才能起效，而对于学业成绩来说则需要6个月左右才能起效。**学生不会立即从固定型思维转变为成长型思维，而成长型思维的内化也是一个和周围环境不断互动、不断发展的过程**：学生们会慢慢地将成功归于策略和努力，并将失败和挑战当作成长的机会，从而不断进步。

表 6-7　单次成长型思维干预设计自查表格

> 📋 请对照下列内容进行自查和完善

（1）导入环节。

介绍本次干预的目标 ☐　　　　强调成长型思维的可信性 ☐

介绍本次活动的价值和意义 ☐　　营造有归属感的课堂氛围 ☐

（2）科普信息：成长型思维。

科普材料有足够的科学基础 ☐　　科普材料的内容简练、生动、有趣 ☐

突出成长的普遍性、广泛性 ☐　　突出学生的成长潜力 ☐

（3）科普信息：挑战和失败。

科普材料有足够的科学基础 ☐　　科普材料的内容简练、生动、有趣 ☐

"一般化"挑战和失败 ☐　　　　通过成长型思维来理解挑战和失败 ☐

（4）反思任务：策略和计划。

注重学习策略的重要性 ☐

帮助学生认识到策略对个人成长的重要意义 ☐

（5）写作任务：经验分享。

结合成长型思维知识，谈出自己真实的、克服挑战并成长的经历 ☐

活动形式丰富多彩，引起学生的兴趣 ☐

帮助学生梳理总结一些有助于成长的策略和方法 ☐

需要使用恳切、能够唤起学生自我能力感和自我价值感的语言风格 ☐

提供明确的任务要求 ☐

Chapter 07
第 7 章　成长型思维干预的评估

在本章内容开始前，请你思考以下问题，并带着这些问题阅读本章的内容：
（1）你是否使用过一些教育评估工具？使用的体验如何？效果如何？
（2）就你的教学经历而言，有效的教育评估工具都有什么共同的特点？
（3）如果请你来设计一套方案，评估成长型思维干预课程给学生带来的变化，你会怎么设计？

7.1　如何评估一个教育项目是否有效

7.1.1　什么是教育项目评估

项目评估指的是根据一系列明确规定或隐含的标准，运用社会科学研究方法，对项目或政策的实施运行及结果进行的系统、科学的测量，以达到改进项目或政策、做出科学决策的目的。教育项目评估是在教育领域对课程、项目或政策进行科学评估，可能包括校内外教育课程、培训项目、教育计划等，是检验课程和项目效果，并改进质量、促进科学决策的必要手段。

提到"评估"这个概念，你也许会想到自己在平常的教育教学中经常进行评估。例如：

• 在学校的日常教学中，教师给自己的课堂录像，或听、评其他教师的课，以改进教学质量。

• 在学期末或学年末，由学校或上级教育机构开展统一的教育评估活动，比如全区统考。

事实上，这些我们通常所说的教学评价、教学反馈活动并不是严格意义上的教育项目评估，因为它们关注的是对学生和教师个体的评价，而项目评估是一个更系统、科学的过程，关注的是确定项目或课程本身具备的价值。进行项目评估需要首先明确评估对象，对被评估的项目有一个全面、细致的描述；然后明确评估的目的，提出评估想要聚焦的问题；最后通过科学有效的方法收集、分析数据，得出结论。教育项目评估涉及对教学工作中的人员、活动和条件进行价值判断，为改进项目和教育宏观管理提供可靠的依据，在这个过程中，我们可能会使用教师课堂的评价或者学生的考试成绩作为评估证据的一部分，它们可能是评估中的某一个环节，但并不代表完整的科学评估过程。

根据教育项目的发展阶段，评估通常被分为两类：过程评估和结果评估。**过程评估指的是对项目或课程的实施过程进行评估，主要评估项目的实施质量以及是否按照计划和标准规范执行。** 比如评估课堂活动是否按预期进行、学生的参与度和满意度如何，这些可以通过观察、听评课和问卷等方法来收集证据。

结果评估则是对项目或课程的实施效果进行评估，主要评估该项目在多大程度上达到了预期目标，有哪些预期之外的结果，以及该项目在不同人群和情境下是否有差异性效果。 比如评估学生学习完课程后对所教授的知识、技能的掌握程度如何，他们在认知、社会情感方面有哪些改变等，这些可以通过访谈和问卷等方法来收集证据。

7.1.2 如何科学地实施评估

实施科学、系统的评估，可以从掌握评估的逻辑开始。上文提到的"评估标准"就是这个逻辑中的重要一环。图7-1展示了实现科学评估的4个步骤：设定维度、设定标准、测量并比较和得出结论。

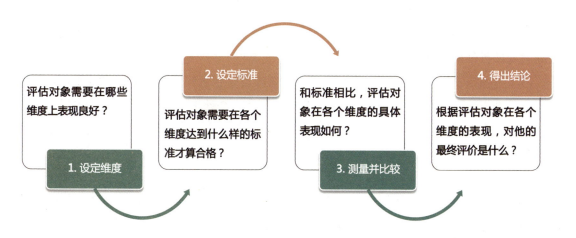

图7-1 实现科学评估的步骤

例如，在对成长型思维课程进行评估时，需要完成以下步骤：

（1）**设定评估的维度**。这可能包括学生的成长型思维水平、学业表现、看待失败的观念等。这些维度通常来源于学术研究结果，以及教师的一线教学经验。例如，学术界对成长型思维的研究普遍发现，成长型思维可以增加学生的学业投入程度、提升学生的积极学习行为、增强学生接受挑战的意愿等。对这些方面的测量就可以纳入成长型思维的评估中。另外，很多教师具有非常丰富的教育教学经验，基于对成长型思维的理解，他们还会提出可以评估学生在课堂上的表现、作业中的表现等，为评估的维度增加丰富度和立体度。

（2）**确定评估对象在各个维度表现的标准**。例如，我们可以使用6分制的成长型思维量表对学生的成长型思维水平进行评估，当学生达到4分或以上时，就可以认为他们的成长型思维水平较高。在对教育项目结果的评估中，评估标准一般通过比较评估对象在各个维度上较干预前或与未被干预的对照组的表现差异来设定。比如，对于成长型思维课程来说，理想的结果是参与了课程干预的学生面对失败的态度有了积极的转变，学习成绩也有了显著提升。而在没有成型量表的评估维度上，可以采用学生自评、教师观察评价等质性评估手段。例如，学生在课堂上的表现可能难以用指标来量化，可以通过请学生给自己打分或写一段自我评价的方式来评估，再辅以教师在课堂上观察到的内容。以上两种手段互相印证，可以得到更加立体的评估结果。

（3）**为了了解评估对象在各个维度的真实表现，采用科学有效的方法和相关实验设计收集数据，将得到的结果和设定的标准进行比较**。在测量实施前，需要将前面两步的准备工作做足——评估哪些方面？用什么工具评估？实施评估的时间点在什么时候？以上这些都是需要评估者根据评估目标来确定的重要方面。通常，教育评估会比较学生在接受一种教育项目前后的变化（即"前后测"），通过评估变化是否发生、变化的程度大小，来判断教育项目的有效性。在更加严格的设计中，还可以增加"对照组"，即随机选择两组同质的学生，一组接受教育干预，另一组为对照组保持原状，然后比较两组学生前后测的数据，判断教育项目带来的真实效果。

（4）**根据评估对象在各个维度的表现，对该项目是否达到预期目标确定结论**。对于评估结果的分析，可以对量化数据采取量化分析手段（如统计），对质性数据则采取质性分析手段（如内容分析）。基于分析结果，可以得出教育项目的实际结果；如果评估方式设计得科学、具体、翔实，还可以进一步分析现有的不足和下一步改善方式等。

关于成长型思维干预的具体维度、标准、实验设计和测量方法，将会在7.2节进行详细介绍。这里需要提醒大家的是，科学的评估不仅限于评估某个项目或课程是否达到了某些设定的维度标准，还涉及容纳不同的利益相关方、考虑项目的成本效益以及适应不同的情景因素等。

7.2 成长型思维项目评估方案与实施

7.2.1 评估方案

成长型思维项目通常以系列课程和单次干预为核心，通过对学生、教师或家长的培训，促进学生对自身智力和能力的积极认知，增强他们的学业自我效能感和学业投入度，最终提高学生的学业成绩。在这里，我们以专家培训教师、教师面向学生授课的项目形式为例，讨论具体的评估方案。

成长型思维项目以学生为核心，提高他们的成长型思维；以教师、班级、学校、家校合作为支撑，建立全方位、立体化的成长型家庭和学校环境，从而促进学生的综合素质的培养和长期的积极发展。

图 7-2 为成长型思维项目产生效果的逻辑图，生动全面地描述了成长型思维课程如何产生效果，并清晰地展示了该项目所需的资源、主要内容和活动，以及该项目应达到的预期效果。图中的箭头代表了不同项目组成部分之间的逻辑关系。作为一个理论模型，它阐述了一个项目的逻辑，即这个项目期待达到的终极效果，以及如何达到这些效果。

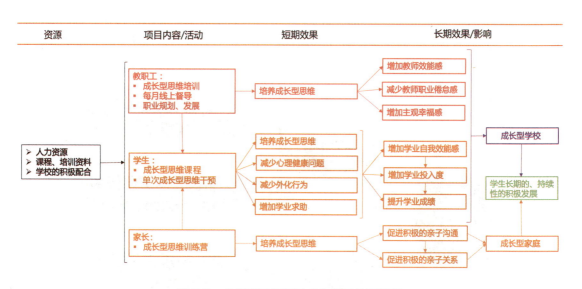

图 7-2 成长型思维项目产生效果的逻辑图

首先，在成长型思维项目实施之前，需要项目学校的安排和配合，准备人力物力、课程方案、培训资料等，以保证项目的有效实施。其次，建议先行开展聚焦教师、家长的成长型思维培训，创造成长型思维的学校环境，并在此基础上开展聚焦学生的成长型思维课程和单次成长型思维干预，以收到更好的教育效果。最后，就项目的短期效果而言，成长型思维项目可以在提升教师、家长的成长型思维基础上，培养学生的成长型思维、减少学生的心理健康问题以及外化行为（如破坏纪律、攻击他人等）。

就项目的长期效果而言，教师可以在项目中提升教学效能感、主观幸福感，并减少职业倦怠，而家长也能够提升自己的亲子沟通能力，培养和学生间的良好亲子关系，学生则可以在项目中收获更多的学业自我效能感，从而更加投入地学习，以提升学业成绩。最终，成长型思维项目可以帮助构建成长型的"学校—家庭"统一体，以帮助学生实现长期、持续的积极发展。

目前，成长型思维项目主要集中在中小学校园里，通过采取专家培训学校教师（主要对象包括心理教师、德育教师、班主任等），再由这些教师直接向学生教授成长型思维课程的方式，将成长型思维的核心思想渗透到学生成长的教育环境中。从图7-2中可以看到，培养教师的成长型思维，不仅可以由教师授课的方式将成长型思维传递给学生，还可以通过提升教师自身的职业效能感等指标，促进校园成长型文化建设，从而为学生提供长期稳定的成长型教育环境。这两种通路同时发生作用时，学生的成长型思维培养就不再是一时一地的，而是可以持续得到教师的正向反馈，形成良性循环。因此，**为达到最终的理想效果，培养学生的成长型思维和提高他们的学习成绩，保证较高的教师培训质量和授课质量是非常必要和关键的。**

图7-3的成长型思维课程评估模型展示了促进该项目取得成功的3个重要环节，也是对该课程进行评估的主要方面。其中，对教师培训的实施情况、对教师的课程教授情况进行的评估为过程性评估，对学生的变化和影响进行的评估为结果性评估。我们将以曾经开展过的成长型思维课程评估为例，分别对过程评估和结果评估的方案和结果进行介绍。

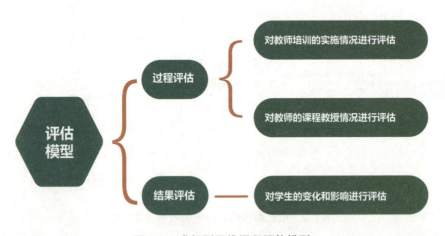

图 7-3 成长型思维课程评估模型

7.2.2 过程评估

过程评估是成长型思维项目评估中的重要环节，用以监测项目实施情况，佐证结果评估，并为过程中的完善和修订提供依据。过程评估主要由以下4个方面构成：教师培训质量评估、学生课程实施质量评估、以学生为主体的评估和教师案例评估。下面将对这4个方面进行深入、具体的介绍,以期为教师提供教育评估的范例。

1. 教师培训质量评估

成长型思维项目配有一套衡量教师培训质量的评估标准,重点考察关于教师培训的6个方面,如图7-4所示。按照这套标准对教师培训的现场进行观察,可以较为准确、全面地评估教师培训的实施情况。

图 7-4 教师培训观察评估标准类别

该评估通常由专家负责实施观察和评估。参与培训的教师作为培训内容的接受者,也需要参与到评估中来,从他们的角度了解教师培训是否能够高质量地完成并符合他们的预期。此外,所有参加培训的教师们在培训结束时会填写一份满意度调查问卷,以了解他们对培训的反馈以及培训的初步效果。

问卷内容通常包括参加培训的教师对于培训的整体满意度、自身的收获和改变以及对本次培训的改进建议。表7-1呈现了教师培训满意度调查问卷设计的样例,可以制作成纸质版或电子版问卷来邀请参训教师填答。

表 7-1 教师培训满意度调查问卷设计样例

题　　目	非常同意	同意	一般	不同意	非常不同意
1. 此次培训的内容和我的教育理念相吻合					
2. 我有信心为学生创设一个成长型的教育环境					
3. 我对成长型思维这一概念有了全面的了解					
4. 这次培训对于我未来的职业发展很有帮助					
5. 我知道了如何把成长型思维运用到与学生的日常交流中					
6. 我知道了如何把成长型思维运用到我的教育教学中					

从表7-1中可以看出,**题目的设计需要和培训的内容紧密结合**。例如,第3题、第5

题和第 6 题都是教师培训中的重点讲解内容，通过询问参训教师对于这些问题的理解程度，可以得知培训内容的实施效果如何。同时，还可以结合教师自身的效能感和职业目标来设计一些题目。例如，第 2 题、第 4 题就考察了培训内容是否能够为教师的日常工作赋能、是否能够服务于教师自身的职业发展，这两点将在很大程度上决定教师对于成长型思维的认可程度和应用的可能性。

在本书主编北京师范大学心理学部林丹华教授团队以往开展的成长型思维项目教师培训评估中，超过 90% 的教师对于培训的实施质量给予了满意的评价，包括培训的整体设计、内容、活动形式、互动等方面。较高比例的教师还表示他们在培训中有很大收获。

除此之外，还可以在培训前后收集教师的成长型思维相关数据，包括成长型思维、失败观念、失败归因和失败应对等，并运用这些数据检验培训对于教师的成长型思维干预的初步效果。如果通过统计手段对比前后测结果发现，项目校教师在以上 4 个成长型思维相关的变量上均在统计学意义上产生了显著的提升，则证明了教师在参加过培训后更加认可成长型思维，也更愿意将这种积极理念应用于课堂，让学生受益。

2. 学生课程实施质量评估

《成长型思维系列课程教学反思表》（以下简称《反思表》）可以快速帮助授课教师评估每节课的授课质量。《反思表》由"反思雷达"和"反思锚"两种工具组成，用于教师的课堂自我反思评价和教师之间的互相评价。

其中，反思雷达由 6 个评价标准组成，分别是：课前准备、时间安排、活动衔接、活动讲解、学生投入度和课堂气氛，如图 7-5 所示。教师们根据授课的实际情况，按照 1～5 的评分标准为每一项评价项目打分，然后将实际分数以点的形式标注在雷达图中，最后用线将所有点连接，这堂课的优势和值得改进的地方将一目了然地呈现出来。

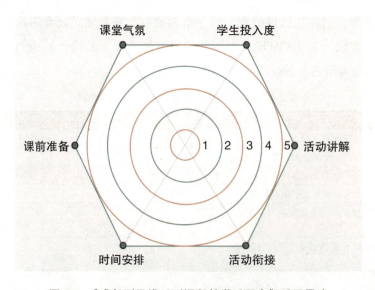

图 7-5 《成长型思维系列课程教学反思表》反思雷达

反思锚则为教师们进行课堂评价提供了依据和目标。反思锚包括气氛锚和内容锚两个部分，由教师按照提示对本节课内容进行反思和文字记录。**气氛锚**引导教师思考课堂气氛，包括学生的注意力集中度、讨论是否热烈、学生提出了哪些问题和教师给予了怎样的反馈与指导等。**内容锚**则针对教学的具体内容，询问教师的实际教学开展是否与教案一致、有哪些修改和调整以及教师认为自己做得很好和需要改进的地方等，见表7-2。

表7-2　反思锚样例

类别	反思内容
气氛锚	（1）课程中，学生的注意力是否集中？哪个环节最集中，哪个环节最不集中？为什么？如何处理？效果如何
	（2）在活动过程中，学生讨论是否热烈？学生提出了哪些问题？教师如何解答
	（3）活动结束后，学生分享了哪些感受？讲师给予了怎样的反馈和指导？请记录1、2条
内容锚	（1）本节课的开展与教案有哪些差别？进行了哪些修改或调整
	（2）有没有学生提出令人意外的问题？学生为什么会产生这些问题
	（3）本节课中，认为自己处理得最好的方面是什么（例如，回应了学生的某个想法、顺利过渡了某个环节等）？不限于课堂内外
	（4）本节课中，认为自己处理得还不够好的方面是什么？有哪些困惑？记录下来
	（5）其他想法或备忘等

授课教师应对每节课程进行教学反思的记录，就《反思表》中出现的问题及时与专家和其他同伴教师进行讨论，获得反馈和必要的支持，对教学进行调整和升级。

在以往的项目中，授课教师提到了对课程内容、形式和结构上的调整，使课程更落地、生动活泼，也更符合该校学生的实际需求。**对他们而言，教授成长型思维课程的过程也是一个不断探索、创新学习的过程。**

很多教师普遍反馈成长型思维课程质量很高，例如一位教师的分享：围绕一个主题多维度进行设计，科学严谨又贴近学情，活动设计新颖有趣。

在教与学的过程中，教师自身也感受到了积极变化，例如一位教师的分享：我自己从课程里受益挺多，因为备课关系，时常在脑子里琢磨，也习惯用成长型思维纠正自己的一些思维定式。比如听到'总是很倒霉'这类的话，心里就在想转换成'只是暂时不如意，越努力越幸运'。

在课堂中，教师可以生动地看到自己的成长型思维带给学生的变化，例如一位教师的分享：学生分享大脑是可塑的，要让好习惯和快乐的神经元连接起来，这样就会越来越强。很多学生很喜欢跟我分享他们画的神经元细胞，可能是即便他们画成一团乱麻，我也能告诉他们这说明你们大脑的神经元四通八达。

在教授成长型思维的过程中，教师也能体会到学生的积极变化带给自己的激励，例如一位教师的分享：有学生在活动结束后分享自己真正地想到了二十年后自己在舞台上的样子，而且很激动，他分享的时候我也感受到他很兴奋，他的长期目标很明晰，自己也很坚定，我也被他感染了。

教师在教授成长型思维的过程中，也深深体会到了建立成长型教育环境的重要性。例如一位教师反馈到：学生的固定型思维模式不是一天两天形成的。有的学生提出，除了自己，还有家长、老师也可能会被卡在固定型思维模式中，所以成长型思维不仅仅只停留在课堂上，要在校园中创造氛围，要在家庭教育中生根发芽。

3. 以学生为主体的评估

学生作为课程的主体参与者，他们对成长型思维课程的直观感受是项目实施质量的重要评价依据。 教师可以邀请学生在课程进行中对课程的多个维度进行评价，包括他们最喜欢的内容、对于课程的体验和感受、获得的收获和对老师的感觉、建议等。

例如，可以采用评分的形式，请学生从满意度、兴趣、难度感知、课堂参与度和互动等方面进行考察，具体见表 7-3。由于课程设计有趣、内容新颖，学生往往会对课堂上的收获给出较高的评价，对于每节课教授的目标内容也都有较大程度的理解和掌握。

表 7-3 学生课堂满意度调查问卷设计样例

题 目	非常同意	同意	一般	不同意	非常不同意
1. 我很喜欢上这门课					
2. 我对老师讲的内容很感兴趣					
3. 老师讲的内容我都能听懂					
4. 我想多上几节这样的课					
5. 我在课堂上能够认真、专注地听讲					
6. 老师和同学们的互动很好					

4. 教师案例评估

为了更加直观地看到成长型思维带给自己和学生的变化，建议教师们可以在课程过程中和课程结束后进行案例记录。这个工具可以帮助教师更加及时地进行案例记录，包括完整的过程和细节（比如在什么场景下，学生说了什么话，老师如何反馈和建议等），以及自己的提炼和反思。

我们还鼓励教师在课堂中发现一些典型的学生，对他们进行重点、持续地观察，记录他们一学期下来的变化。这里，我们呈现一些以往项目中教师的真实记录内容，以提供参考。为维护个人隐私，内容有删减和调整。

（1）和家长一起合作，使用成长型思维让"后进生"重新获得学习动力。

我遇到了不少"后进生"家长带着困惑来咨询，有些家长甚至觉得孩子"油盐不进""无药可救"，觉得自己什么方法都试过了没有丝毫起色，非常困扰。

我首先从家长入手，和他们分享什么是成长型思维，告诉他们要以发展的眼光而不是固定的思维来要求和评价自己的孩子。我列举了自己观察到的这些学生身上的潜能优势，有一些非常细微，家长们都觉得难以察觉。

我告知家长，每一次看到一点学生的变化就可以马上找立足点去表扬和鼓励孩子，而且孩子在课上的进步，老师是能够切实感受到的，随着我的每一次鼓励，孩子身上呈现的成长型思维越来越多。

我建议家长放手让孩子来承担责任，培养孩子的独立自主习惯，以鼓励引导为主而不是打压式的批评。这些被单独关怀过的孩子，在我的课上积极配合，都能做到主动参与，有一些还能做到积极发言，进步显著。

（2）使用成长型思维鼓励学生，让学生相信成长的力量。

印象最深刻的是学期开始的时候，我布置他们做一些文字类课堂作业，他们明显表现出不愿意的惰性态度，觉得心理课就是来玩耍放松的，不愿意写。可是到了期末的时候，我一提出"优秀人才必备的意志力""小组加分""个人加分"的口号，大部分同学都会很积极主动地去完成课堂作业，而且做得还比较认真。同学们这种追求卓越的学习态度和行为，哪怕是掺进了"加分奖励"的功利倾向，也还能够非常明显地看到成长型思维在他们身上起作用了。

到了学期后段，能够完整讲出自己的成长故事的同学越来越多，他们的故事真实、积极，而且在没有提前准备的情况下，仍然会有部分同学能够迅速地回忆起自己身上发生的成长型思维故事，能够清晰地分析自己达成目标的动力与助力，以及未能达成目标的障碍，说明成长型思维比较深刻地影响了他们。

（3）让我感触最深的"成长型思维"故事。

有一个男孩，他给我的印象一直是缺乏教育，从来没有学习兴趣，没有礼貌的意识，这么多年来一直没变，在学习和人际方面一直是"后进生"。他这学期才转学到我校，见我也从来不喊老师，连和老师说话也会大吼大叫，毫无礼貌意识。我在他们班"看自习"的时候，全班只有他一个人是不写作业的，甚至连故事书都不愿看，宁愿在桌子上抠一节课的手。小组合作时因为不守规则、不讲道理，基本每节课都被组员排斥，有时还会和组员打起来。这样的孩子我起初也觉得力不从心。

可是学期中的某一次课上，我发现他在心理课的学习单上写字了，我很惊喜地和他说："你今天表现太棒了，这节课是你这学期到现在为止表现最好的一次。"他似懂非懂点了点头，接着好像写得更认真了，中午回去还很开心地和妈妈（也是本校老师）说他是如何获得表扬的，妈妈也鼓励他要保持。那天我故意找他们一起在食堂吃饭，我们吃完饭坐电梯回办公室，我还没进电梯他就快速地按电梯关门按钮，我提醒他，别人没有进来前不要着急按，这样不礼貌也会有危险，他有些懵懂地在听着。当我们出电梯的时候，我出来回头一看，他还继续按着电梯门打开的按钮，我立刻和他妈妈说，看！他的学习能力太强了，我几秒钟前说的注意事项，他居然举一反三，做得这么棒，太优秀了！我表扬他时他还不好意思，没有反应，但当我走远之后，余光瞄到他兴奋地抱住妈妈的腰，开心得不行。后面的课程中，他的优点像泉水一样潺潺地涌现出来。课前诵读的时候，我发现他居然站得笔直，端正地拿起诵读单大声朗读，我再一次惊喜地表扬了他，这简直就是奇迹呀。从此之后,他上我的课小动作很少,作业都会认真完成,哪怕是学期后段变成他一个人一个小组,他也主动坚持完成小组作业,并亲手交给我,再也不是那个在课堂上扰乱秩序的同学了。

虽然他有时还是会和妈妈吵架,还是会给同学惹麻烦,但是他的改变让我看到了不可能中的可能。这个过程中我们互相成就着对方,我想:在他成长的同时,我也成长了。教育不是万能的,这是我们教师圈里用来缓解压力的名言,但是从他身上,我看到了,教育的力量是巨大的。

教师的案例记录不仅提供了关于成长型思维在校实践的第一手生动的资料,也是一种持续进行的评估课程实施效果的有效方式,让教师可以及时掌握课程的实施情况和初步效果,并有针对性地、适时地做出调整。很多教师在回顾自己的成长型思维教学时,都会有这样的感悟:**在学生的成长中,不仅可以发现自己的成长,还可以再次确认自己身为教师的价值感、意义感,获得不断前行的动力。**

7.2.3 结果评估

1. 全体学生期末评估

为了全面地评估课程效果,教师可以对所有参加课程的学生收集前后测数据,并进行对比,分析成长型思维课程是否为学生带来了改变。例如,在学业成绩的提升和心理因素的改善两方面,可参考图 7-6 中的变量来进行评估。

图 7-6　课程评估前后测量变量样例

学业成绩可以直接使用学生的考试成绩,包括语文、数学和英语等主要学科的分数,在中学生中,也可以包括政治、历史、物理和化学等关键科目的成绩。如果学校采取等级评分制,如 A、B、C 级,也可以将等级评分转化为相应的数目,如 1、2、3 来进行比较。如果试卷难度能够保持较为一致的水平,教师也可以通过检测学生的及格率来确认课程的效果。心理因素的评估则由专家提供专业的心理量表,在学校的帮助和支持下开展。

2. 全体学生期末评估的样例

图 7-7 是心理变量评估内容示例，具体包括以下内容。

图 7-7　心理变量评估内容示例

本书主编北京师范大学心理学部林丹华教授团队以往开展的成长型思维项目中对学业成绩变量评估结果显示，在学业压力较大，学业困难和挑战较多时，成长型思维项目能够帮助低学业水平学生保持成绩进步，还能够防止高学业水平学生出现成绩下滑。图 7-8 是我们疫情期间对初三学生学业成绩变量的评估示例，其中图中上半部分的表格是具体的标准化成绩数据，而下半部分的走势图是对成绩走势的直观分析。为了更准确地进行评估，我们将原始成绩标准化后，得到以 0 为平均值的标准化成绩。经过标准化后，低学业水平学生的成绩为负值，高学业水平学生的成绩为正值，而中等学业水平学生的成绩则在平均值 0 附近。

注：M 指标准化成绩的平均数，SD 指标准差，t 值为独立样本 t 检验的结果，其中 * 代表显著性水平小于 0.05；** 代表显著性水平小于 0.01，下同。

图 7-8　学业成绩变量的评估示例

（来源：本书主编北京师范大学心理学部林丹华教授成长型思维项目组在 2020 年新冠肺炎疫情期间的成长型思维干预数据）

分析结果显示，经过成长型思维干预后，低学业水平的初三学生在中考成绩上的标准化成绩增加了 0.20，独立样本 t 检验显示他们获得了显著进步，如图 7-8 右图所示，但是在未经干预的对照组学生里，高学业水平初三学生的标准化成绩减少了 0.26，独立样本 t 检验显示他们的成绩出现了显著下滑，如图 7-8 左图所示。以上评估证明了成长型思维干预对初三学生学业成绩的保护作用。

就心理变量的变化而言，一个普遍的发现是，不论学生的成绩好坏，他们的心理变量都有较为显著的提升。 图 7-9 是项目组在 2020 年新冠肺炎疫情期间对成长型思维干预的效果评估，我们选取了积极失败观、掌握趋近目标和无助归因的变化，以上 3 个心理变量和学业成绩显著相关，也能从侧面对学生的心理健康产生一定影响。通过分析图 7-9 中的表格和趋势图，并结合统计分析结果，我们发现：①对照组学生无助归因的平均值增加了 1.11，较之前测显著增加，而干预组学生无助归因的平均值仅增加了 0.12，和先前差异不显著。这说明未经成长型思维干预的对照组学生，面对压力、困难和挑战时，变得更加无助；②对照组学生掌握趋近目标的平均值减少了 1.05，较之前测显著减少，而干预组学生掌握趋近目标的平均值变化量为 0，这说明在学业压力下，对照组学生变得不愿意通过努力来掌握新知识和提高能力，而干预组学生未受不利影响；③对照组学生积极失败观的平均值减少了 1.38，较之前测显著下滑，而统计结果显示干预组学生的积极失败观平均值仅下滑了 0.46，且相对于前测而言差别不显著，这说明对照组学生更加不相信自己能够通过克服失败获得成长。以上结果说明成长型思维干预对心理变量也有较好的保护作用。

变量名称	对照组				干预组			
	前测		后测		前测		后测	
	M	SD	M	SD	M	SD	M	SD
积极失败观	28.90	4.32	27.52	4.02	28.55	4.62	28.09	5.09
无助归因	6.89	2.66	8.00	3.26	7.02	2.75	7.14	3.04
掌握趋近目标	35.10	4.59	34.05	4.82	34.83	5.34	34.83	5.18

图 7-9　成长型思维干预对学生心理变量的作用

（来源：本书主编北京师范大学心理学部林丹华教授成长型思维项目组在 2020 年新冠肺炎疫情期间的成长型思维干预数据）

教师们对学生日常的观察也从侧面验证了这一结论。例如，一些平时学习成绩中下游的学生表示，成长型思维让他们更有希望感和效能感，并且学会了在困难中不断坚持。此外，学生的学习进步情况与学业自我效能感、掌握趋近目标等心理变量的前后测变化呈显著正相关，说明学生在这些变量上的提升越多，他们自我评价的学业成绩进步越大，反之亦然。

总而言之，通过过程评估和结果评估，不仅可以检验成长型思维课程的效果，更重要的是可以为学校的教育教学提供参考，明确下一步的工作方向。

Chapter 08

第 8 章 成长型思维理念指导下的沟通

在正式开始本章的内容之前，让我们先来看这样一个场景：

班主任发现，自从进入初二，小林在学习上变得更加懒散，上课也不愿意主动回答问题了，作业也经常不交。班主任跟小林沟通后得知，小林在进入初二后，感觉学习上有些吃力，更受不了的是来自父母的言语——妈妈经常对自己说："你看看这次成绩又下降了""好像你就不是学习的料"之类的话，爸爸也总是告诉小林"只有取得好成绩，才能上好高中，才能在未来的社会中立足"，小林觉得自己学习得很压抑、很心烦，在家也经常跟妈妈吵架顶嘴。父母在教育小林上费了很多心血，无奈教育效果不佳。

看完这个例子，熟悉成长型思维的你应该能够看出来：小林父母持有的固定型思维教育方式，起到了负面的作用——在亲子沟通中传递出的固定型思维，使得小林在父母的焦虑和学业压力中"腹背受敌"，以致在挫折和失败之后自我怀疑、一蹶不振。

小林的班主任和家长进行了沟通，并引导家长意识到：其实孩子在努力，也非常希望自己的成绩能够有所提升，只是现阶段遇到了一些困难需要克服。通过班主任的反馈，家长了解到其实小林很努力，也经常问老师问题，只是由于持续的受挫变得自信心不足，学习的动力也逐渐消失。班主任向小林的父母详细讲解了如何采用成长型思维和孩子沟通。

父母回家后，试着采用了成长型思维的沟通方式，沟通中父母肯定了小林这个阶段的努力，也表示其实自己也看到了孩子的坚持，小林也向父母吐露了心声：自己并不是不想学好，而是在一些科目上遇到了困难，自己从老师同学那里刚学了一些方法，还在慢慢地摸索中。小林的父母听到小林在困难中还能够坚持努力，一颗悬着的心也放了下来，表扬了小林学习的主动性，也向小林保证不会再用之前的沟通方式。慢慢地小林上课越来越投入，作业完成情况也日渐好转，平稳完成了初二到初三的学业过渡期。

幸运的是，小林的老师能够以成长型思维来看待小林的行为。**教师基于成长型思维理念下的沟通，向家长客观地反馈孩子的具体行为，肯定孩子的努力和尝试，引导家长理解**

孩子，**并帮助家长转变了原有的固定型思维观念**。家长采用成长型思维的方式和孩子沟通后，不仅能够支持孩子、陪伴孩子一起面对困难，还可以促进良好的亲子关系。在以上过程中，成长型思维理念下的沟通方式功不可没。那么，教师和家长们应如何采用成长型思维理念下的沟通提升教育的效果呢？为简明扼要，方便阅读，我们把"成长型思维理念下的沟通"统称为"成长型沟通"。

8.1 成长型沟通的原则

成长型沟通，顾名思义，是基于成长型思维理念下的沟通方法，其目的在于通过成长型思维的语言来提升教育效果，促进学生积极发展。成长型沟通可以在师生、亲子间广泛应用，其应用原则主要有以下几个方面。

8.1.1 倾听＋反馈

成长型沟通注重"倾听＋反馈"，强调相互交流、相互影响的过程。倾听是人们最常用的沟通方式，对于如何与他人建立良好的关系有重要的作用。通常情况下，亲子之间、师生之间的沟通出现问题，都跟无法专注地倾听并理解对方有极大的关系。倾听的过程不仅仅是听到对方说了什么，同时要结合自己的经历和理解对对方的语言进行解读。

1 成长型倾听

成长型的倾听过程包含 5 个元素：**听到、专注、理解、回应和记忆**，如图 8-1 所示，这些元素来源于《沟通的艺术》中的倾听 5 元素。在师生、亲子间的沟通中，成长型倾听有如下的应用要点可供参考。

图 8-1　成长型倾听的 5 个元素

听到：和学生沟通时，注意采用合适的语调、语速，并选择合适的沟通场所。

专注：和学生保持适当的目光交流，放下手中的工作，专注于和学生的谈话。

理解：注意把握学生的特点，理解学生话语背后的想法和期待。

回应：对学生的话语做简短的回应，例如点头，可以简短重复学生的关键信息，以确认理解正确与否。

记忆：记住重要信息，如关键地点和人物、重要的态度和价值观等。

2. 成长型反馈

反馈是沟通中的重要元素，不同的反馈方式会极大地影响着沟通的进程。反馈的方式有很多种，在这里我们分享两种最常用的成长型的反馈方式——"先跟后带"和"我信息"。

（1）用"先跟后带"的方式反馈。

生活中，我们经常会发现孩子的有些行为需要调整，但在教育的过程中，如果我们直接给孩子讲道理，或者直接给孩子建议，甚至严厉地批评孩子的话，教育效果很可能难以达到我们的预期。这时，我们就可以尝试"先跟后带"的方式进行反馈。"跟"意味着肯定和接纳对方的感受、想法、信念等，听听对方真实的内心语言，跟对方建立联结。一切的沟通都是建立在良好关系基础之上的，因此通过"跟"的方式让孩子体验到尊重、理解与接纳。"带"意味着跟对方一起探索新的可能性，引导对方看到之前自己或许忽视的部分，从而产生新的想法和感受，探索新的解决问题的方案。先"跟"后"带"的案例如下所示：

孩子在学校跟同学打架，妈妈被老师叫到学校。回家后，妈妈跟孩子沟通这件事情。

妈妈："能感受到你很生气，发生那样的事情，如果是我，也非常生气，这是很正常的反应，妈妈看到了你内心的正义感和责任感！"

孩子："是啊，他怎么能那么做，我实在看不过，就动手打了他。"

妈妈："嗯，你的初衷是为了帮助同学，真的很棒，妈妈知道你其实在努力地克制自己，真的不容易。"

孩子："我本来也想忍着的，可是最后实在忍不住了。"

妈妈："是啊，忍那么久还挺不容易的。但我相信，你其实不希望以这样的方式来解决问题，只是当时想不到更好的办法，又没有控制住自己的冲动，动手了。你也看到，对方现在受伤了，我们一起来想想接下来要怎么解决这个问题好吗？或者我们一起来探讨一下，如果下一次再出现类似的问题，要怎样做才能不伤害到对方同时又解决了问题，好吗？"

孩子："是的，其实我也知道不该动手……我想，先跟我的同学道歉。"

（2）用"我信息"进行回应。

沟通过程中通常会用两种反馈方式，一种是使用"你"的语言，也就是用"你"开头的句子。这样的句子通常表达的是一种判断,比如"你真烦人""你又想蒙混过关""你起床利索点儿就不会迟到了",等等。这样的表述通常会让对方感受到被评判、被否定,甚至让人感觉背后隐含着一层信息:**"我是对的,你是错的"**。因此,这种表述有时候容易引起对方的抵触和反感,也容易让人感受到说话者没有在承担自己的责任,只是一味地把目光放在别人身上。

另一种反馈方式是使用"我"的语言,也就是"我"字开头的句子,更多地描述自己的感受和想法,如:"我很累,我想多休息一会儿""我有些担心,因为我们一起制定的规则被这件事打破了"。这种沟通方式是中立的信息传递,而并不是对别人的评判和指责,因此这样的表达更容易促进沟通的顺利进行,达到期望的沟通效果。图 8-2 提供了一个对比两种沟通模式的具体案例。

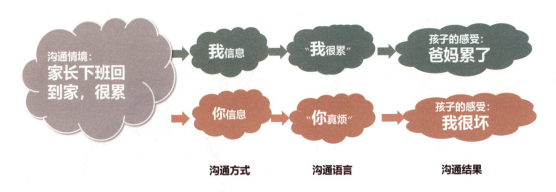

图 8-2 "我信息"和"你信息"沟通效果的不同

8.1.2 传递积极的非语言信息

在沟通过程中,哪些因素对信息传递最重要?我们通常可能会说:"当然是说的内容了!"事实是否如此?雅伯特·马伯蓝比教授研究出了"7-38-55"定律:沟通中所传递的信息中,只有 7% 取决于谈话的内容,而有 38% 取决于说话时的语气、语调、语速、发音等,另外还有高达 55% 的比重取决于说话者的身体姿态、空间距离等因素(见图 8-3)。

由此可见,在沟通时,人们往往是在解读说话者的非语言信息,从中感受对方的态度,表达的内容反而变成了次要的。因此,为了促进积极的沟通,可以在沟通的过程中多多使用积极的非语言信息,以下是一些常用的传递积极的非语言信息的方法。

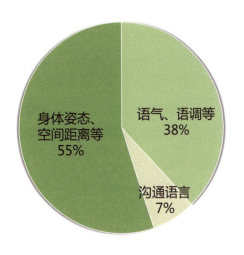

图 8-3 沟通中的"7-38-55"定律:非语言信息极为重要

> **如何传递积极的非语言信息**
> （1）专注地坐或站在旁边，跟对方保持舒适的空间距离。
> （2）保持目光接触，如果需要，可以蹲下来跟学生的视线齐平。
> （3）通过身体前倾、适当地点头、微笑来表示对谈话感兴趣。
> （4）必要时可以拍拍肩膀，或者拥抱对方。
> （5）语速不要急促，保持让人安定舒适的状态。

8.1.3 接纳、专注过程、聚焦解决

在日常生活中，教师、家长经常需要帮助学生解决在学习、生活中遇到的问题，例如学业困难和挑战、同学交往中的难题等。在这时，教师、家长如果希望采用成长型沟通法帮助学生成长，就需要特别注意沟通中的"**接纳、专注过程、聚焦解决**"原则，如图 8-4 所示。

1. 接纳

成长型思维相信智力和能力可以提升，因此教师对于学生犯的错误、暂时的失败和受挫持接纳的态度，相信学生即便现在做得不够好，但也会有改变的可能性。当接纳的态度体现在沟通中时，学生将能够感受到被尊重、被理解，从而更多地自我接纳，重新建立信心去解决问题。

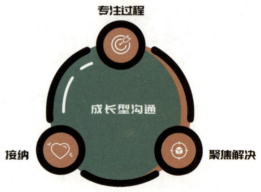

图 8-4　成长型沟通的原则

2. 专注过程

拥有成长型思维的教师，更加看重学生学习的过程，关注学生的努力与坚持。学生遇到困难时，教师也能及时发现学生的闪光点并加以引导。如果教师能够通过成长型沟通，给予学生积极的反馈，帮助学生看到内在的收获和成长的话，不仅能够提升学生的学习动机、克服困难和挑战的信心，还可以促进积极的师生关系。

3. 聚焦解决

拥有成长型思维的教师相信困难和挫折只是暂时的，他们相信只要学生愿意努力和坚持，探索更有效的方法，就可能会有不一样的结果。当教师能够通过成长型沟通，使得学生了解自己只是暂时还没有达到目标，而未来仍有无限的可能性时，学生将能够重振希望和勇气，回到当下的行为，努力达成自己的目标。

下面，我们将从常见的学业场景入手，帮助教师掌握成长型沟通的方法。

8.2 成长型师生沟通

> **案例 1**
> 　　教室里，老师请学生上课回答问题，学生晓彤非常迅速而且完美地回答出了答案，老师丝毫不吝啬对学生的赞美："哇，晓彤同学真聪明，这么难的题目这么快就做出了正确的答案，太棒啦，真不愧是我们班的尖子生。"晓彤非常骄傲，其他同学也投来了羡慕的眼光。晓彤也在期待着自己下一次的完美表现。然而，事不遂人愿，毕竟有自己解决不了的问题，每每这个时候，晓彤就会变得忐忑不安，她能感受到老师向自己投来的期待的目光，可是自己却无法解答，只能将头埋得更低。内心不断地问自己：老师和同学是不是现在都在怀疑我的能力呢？于是晓彤变得越来越焦虑，老师提问，只要自己不举手，好像感觉自己的能力受到质疑，于是为了证明自己聪明无敌，总是尝试第一个回答问题，如果能回答出来老师的问题，就忍不住向所有人炫耀，以证明自己的聪明，可一旦出错，一方面竭力辩解，另一方面又不断地自我怀疑：我到底够不够聪明呢？
>
> **案例 2**
> 　　小斌平时很喜欢挑战，不论遇到什么困难，他经常说的一句话就是："试试就试试嘛，刚好可以看看自己到底是什么水平"。老师也不断地鼓励小斌："每一次尝试都是自己成长的机会，即便失败，相信你也一定会从中有所收获。"在老师的鼓励下，小斌不会放弃任何一次挑战的机会，即便遇到挑战受挫，自己也不会太沮丧，反而不断地问自己：哪里出了差错呢？如果还有下一次，我需要在哪里做些调整呢？

　　两位同学面对困难与挑战为什么会有如此不同的表现呢？很大一部分原因是教师给学生的反馈不同。

　　案例 1 中，晓彤的老师给予学生的反馈更偏向于固定型思维模式，关注学生表现出来的结果，认为学生的优异成绩是因为学生聪明，这会影响学生的自我评价，让学生觉得需要不断地通过"做对题目""考个好分数"来证明自己是聪明的。他们会不住地自我求证："这次我会成功还是失败？""我到底是聪明的还是愚蠢的？""我到底是被认可的还是被质疑的？"从而处于应激、紧张的状态之中，不仅影响学习效率，也难以在学习的过程中获得乐趣。经常得到这类反馈的学生，也往往更多地具有固定型思维模式，面对成功沾沾自喜于自己的聪明，而面对挫败却深陷于自责和自我否定。

　　而案例 2 中，小斌的老师给予学生的反馈更偏向于成长型思维模式。小斌的老师相信学生的成就是因为不懈努力而得来的，相信学生的能力可以通过不断地练习而积累和发展，暂时的挫折并不代表学生没有能力。在沟通过程中，小斌的老师更能接纳学生，相信学生有成长和改变的潜力，还能发现学生的行为中拥有值得肯定的地方，从而对学生产生积极影响。这样的反馈方式往往也有助于培养学生的成长型思维，他们更愿意相信努力、坚持能够把成长带给自己，更愿意突破困难、勇于挑战。

因此，在成长型思维指导下的师生沟通对学生的长远发展具有积极的意义，可以帮助学生建立客观积极的自我认知，使他们勇于面对挑战和失败，从他人的批评和他人的成功中吸取经验，并相信努力和坚持能够使自己变得越来越优秀。下面我们将从表扬、批评、挑战和失败等常见的教育场景入手，阐述成长型师生沟通的内涵和方法。

8.2.1 表扬努力的过程，而不是聪明

第1章中提到过一项研究，当被夸奖努力过程和被夸奖天赋时，学生在接下来任务中的表现大不相同。这项研究表明：夸奖孩子的努力过程，会给孩子一个可以自己掌控的感觉。孩子会认为，成功与否掌握在他们自己手中。反之，夸奖孩子聪明，就等于告诉他们成功不在自己的掌握之中。这样，当他们面对失败时，往往束手无策。

教师使用不同思维模式表扬孩子时，会影响到孩子的情绪和行为，也会影响到孩子对自我的认知，影响到孩子自己认知模式的建立，从而对孩子的一生都会产生重要的影响。**因此，教师在跟学生沟通的过程中，要遵循成长型思维理念，更多地关注学生为达成此成就付出的努力、策略方法、人际沟通与坚持不懈，引导学生意识到，自己的"聪明"也是可以一步一步积累起来的。**

在对孩子们的追踪访谈中，德韦克发现，那些认为天赋是成功关键的孩子，不自觉地看轻努力过程的重要性。那些孩子会这样推理：我很聪明，所以，我不用那么用功。他们甚至认为努力很愚蠢，努力等于向大家承认自己不够聪明。

> ★思考
>
> 在耳熟能详的《伤仲永》的故事中，仲永的父亲"日扳仲永环谒于邑人"，向周围人展示仲永的聪明才智；这样的教育行为，除了白白浪费宝贵的学习时间外，还可能对仲永的学习动机造成什么样的负面影响？

那么，在日常生活和学习中，要如何夸奖、表扬和赞美学生呢？下面的成长型沟通练习和实操演练，将有助于教师掌握成长型思维的表扬方式。

★ 成长型沟通方案1 ★

用成长型思维表扬学生的努力

（1）表扬学生的努力和坚持

当学生学习上取得进步，或者做了值得表扬和肯定的事情，成长型思维的表扬方式能够帮助学生更加关注努力、策略、人际沟通和坚持，更愿意接受挑战，遇到挫折也更

容易面对和及时调整。如：
- 你这次取得了很大的进步，老师看到你这一个月以来非常用功。
- 这次的成绩离不开你的坚持与努力。
- 老师看到你每天放学后都留在教室学习，很晚才回家，你的努力有了回报。

（2）表扬学生使用的策略和方法

学生取得的成绩与学生使用的策略和方法分不开，因此教师的反馈也需要关注学生在此过程中尝试使用的方法。如：
- 这个过程真的很不容易，老师为你骄傲，老师也很好奇，当你遇到困难的时候，你是如何坚持下来的呀？
- 真棒，老师为你骄傲，可以跟我们分享一下你的经验和收获吗？
- 老师看到你这一段时间以来，每次有不懂的题目就主动问老师，学习特别用心。
- 在这次准备比赛的过程中，我看你经常去图书馆，还向学姐请教，这都能帮助你更迅速地了解比赛，获取更有效的信息和资料。
- 这两个月以来，老师看到了你的进步和努力，相信在这个过程中你一定克服了很多的困难，这很不容易，你是怎么做到的呀？

（3）给学生积极反馈，保持持续的交流

学生在分享自己的坚持和努力的时候，教师可以适当地给予积极反馈，比如充满欣赏的语言，或者非语言信息，如必要的点头，充满欣赏的目光，也可以给学生"点赞"等。学生讲得比较笼统的时候，教师可以继续追问细节，邀请学生更详细地描述自己付出的努力，帮助学生逐步意识到，自己取得成绩是因为坚持、努力，以及有效的方法，正是这些原因才让自己变得更加优秀。

📖 **练习反思**

我发现这些表扬能够提升学生的成长型思维：_____
_____
_____

我在最近一次成长型沟通中做得好的地方是：_____
_____
_____

我有待改进的地方是：_____
_____
_____

8.2.2 让批评带来更多成长

在德韦克教授团队的一项成长型思维研究中,研究人员邀请平均年龄为5、6岁的孩子用玩偶表演情景剧。情景剧的剧情是教师给孩子们安排了任务,但是他们搞砸了。研究人员扮演教师,将孩子们分成3组,分别给予3种不同的批评方式。

第一组批评孩子个人,比如"我对你非常失望";第二组批评结果,比如"这不是我想要的结果";第三组批评过程,比如"这不是我想要的结果,也许你可以试一试另一种方法"。然后对3组孩子分别在"如何评价自己完成的任务、如何评价自己、当下的情绪、是否想要继续玩儿这个游戏"4个方面进行追踪,结果发现:**被批评"过程"的孩子在之后的情绪、动机和自我评价上的表现均更为积极,而被批评"个人"的孩子在各方面都表现最差**,他们的动机、情绪、自我评价均受到了不利影响。因此,即使当学生犯了错误,通过成长型的批评方式也可以保护学生的积极情绪、动机和自我评价,帮助学生及时客观地看待事件本身,而不是过度地否定自己。但是,针对学生个人人格的批评,比如"我对你很失望""你根本不是学习的料",可能会带来最糟糕的结果。

★ 成长型沟通方案 2 ★

用成长型思维批评学生

(1)调节自己的情绪

拥有成长型思维的教师相信学生只是"暂时还没有",例如暂时还无法合理地安排时间,或者暂时还没有意识到学习的重要性。"暂时还没有"是成长型思维的集中体现,既不否定当前的挑战,也不否定成功的期望,更体现出成长和改变的意愿。学生犯错时,教师首先要处理好自己的情绪,如果当时已经有些生气,或者产生了消极的情绪,需要先调节好自己的情绪,保证自己在平静的情况下跟学生沟通。比如可以坦诚地告诉学生:"这个问题我们需要解决,我们找一个时间好好地谈一谈这个事情吧。"——用适合自己的方式慢慢地调整自己的情绪后再重新沟通。

当学生情绪激动的时候,教师要接纳学生的情绪,避免自己被学生激怒从而导致沟通不畅,双方的关系变得更加对立。教师应对学生的情绪表示理解和共情。

- 刚才发生了那样的事情,我猜你可能感到很难过。
- 如果你愿意,可以在这里安静地待一会儿。
- 我愿意陪着你坐一会儿。

当学生的情绪被看见、被接纳,会慢慢地与教师建立联结,跟教师开展进一步的沟通和交流。

(2)关注事情中积极的一面

"去除杂草的最好方式是种上庄稼"——当学生犯了错误时,如果我们能看到学生在这个过程中值得肯定的地方,就可以看到解决之道。比如看到学生打架背后的原因和初衷、看到学生失败前做出的努力和尝试等。跟学生一起探索自己在此过程中值得肯定的地方,帮助学生建立积极的自我形象,回顾曾经有用的方法,就可以强化学生的自尊和自信。如果条件允许,也可以跟学生探索这次错误带来的启发和收获:

- 从这次经历中,你学到了什么?
- 这次经历是怎样帮助你学习和成长的?
- 如果你经常在同样的事情上犯错误,你会如何改变这个现状?
- 这一次的失利,让你对这件事有了什么新的想法?
- 下一次尝试,你会做哪些提升?

(3)对事不对人,明确具体问题

批评最关键的地方是对事不对人。生活中很多时候,我们容易将批评变成对人的攻击,如:"你真笨""你怎么这么不听话"等,这会使得教育效果大幅下降,甚至对学生的身心产生消极影响。如果学生犯了错误,拥有成长型思维的教师,会聚焦于如何解决问题,而非评价和否定,如:

- 这次的错误(或问题)出在哪里?
- 这个过程中是否有什么策略和方法不合适?
- 能否从这次的错误中获得成长和收获?

教师要引导学生意识到,每个人在成长的过程中都不是一帆风顺的,犯了错误,遇到挫折是非常正常的。重要的是,面对这个困难,自己要如何解决。可以邀请学生分享:

- 在什么样的情况下你更能认真地完成这个任务?
- 老师也很好奇今天到底发生了什么,你愿意跟老师说一说吗?

(4)鼓励学生看到希望,聚焦于当下的问题解决

鼓励学生意识到,犯错误是很正常的,只是暂时还没有找到合适的方法,让学生看到自己当下的行动会引发未来不同的结果,未来是充满各种可能性的。可以尝试跟学生探索:

- 还有什么方法可以尝试?如果采用不同的方法,会有什么不同?
- 你只是暂时还不知道这样的问题要如何解决,我们一起来看看下一次如果遇到类似的问题,你会如何面对?

可以跟学生约定,记录自己犯的有意义、有价值的错误,还可以定期在班会上进行分享,教师也可以分享自己的记录,建立一个开放、坦诚、轻松的氛围。我们也鼓励家长在家庭中和孩子讨论这个话题。可以邀请学生之间相互分享:"如果下一次再遇到类似的问题,你会怎样做以便不犯同样的错误呢?你希望在未来怎么做?你希望周围的老师和同学怎样帮助你呢?"

📖 **练习反思**

为助力学生的成长和改变，我在批评时可以先说：_____
_____
_____再说：_____
_____
最后说：_____
_____，这样可以保护学生的积极情绪、动机和自我评价，帮助学生及时客观地看待事件本身，获得更好的教育效果。

在学生犯错后，观察采用成长型思维批评后的沟通效果，可能会有什么不同？____
_____
_____
_____
_____

8.2.3 其他典型场景下的成长型师生沟通

1. 当学生遇到挑战

世界知名的领导力变革专家诺尔·M.迪奇（Noel M.Tichy）指出，人对于外部世界的认识可以分为舒适区、挑战区、恐慌区。**舒适区**是指没有学习难度的知识，或者已熟练掌握的技能；人处于舒适区会感到舒适，但不会有更多的进步成长。**挑战区**是正在学习或练习的技能，对于学习者来说往往具有挑战性。在这个区域时，学习者的大脑处于最活跃的状态，在自我挑战的过程中能够迅速成长。**恐慌区**是对学习者而言完全陌生的领域。在这个区域，学习者会感到很大的压力，甚至感到恐慌，学习效果也会大打折扣。

大量心理学和教育学研究发现，在学生走出舒适区面对新的困难时，接受过成长型思维训练的学生，会勇于面对挑战，在学习中变得越来越有自信，成绩也会逐渐提升；相反，对于持有固定型思维的学生而言，走出舒适区会带来很大的压力和恐慌，并带来动机和成绩的下滑，甚至可能会损害心理健康。

正如图8-5所示，无论对持有哪种思维模式的学生而言，在能力水平相同时，能够感到舒适、放松的区域是相同的；但是，即使能力水平相同，相比于持有固定型思维的学生，持有成长型思维学生的挑战区更大，恐慌区更小，这说明持有成长型思维的学生更愿意付出努力、接受挑战，也更不容易被失败和挫折所吓倒，他们可以不断尝试新的事物、提升自己各方面的能力。

图 8-5　成长型思维推动我们主动进入挑战区

当面临挑战时，教师如果能唤起学生内心的成长型思维，学生就会倾向于把挑战视为成长机遇，从而更加积极地面对，最终获得成长和改变。教师可以从以下几个方面采用成长型沟通法：

（1）接受挑战对于自己而言意义与价值在哪里？

（2）自己哪些方面的品质和经验，能够帮助自己完成新的挑战和任务？

（3）接受挑战的过程中，大脑是如何工作的呢？自己会有怎样的成长和收获？

（4）现在可以尝试些什么，作为克服挑战的第一步？

成长型沟通法的关键在于引导学生意识到：即便挑战失败，在尝试的过程中也能有所收获。不仅如此，还可以在尝试的过程中明确个人优势，发现积极经验，反思积极资源，最终助力自己达到更高的目标。

2. 当学生从他人的成功中感到了威胁

对于学生而言，主动和被动地与他人比较是家常便饭。比较的过程中，学生可能会感受到自我价值受到威胁，尤其是当感到自己不如别的同学的时候。如果学生从他人的成功中感到了威胁，教师可以从以下几个方面跟学生沟通：

（1）对于身边的同学或伙伴，有哪些方面是值得自己尊敬和学习的？

（2）如果你的朋友和同学遇到困难，可以如何帮助他们？

（3）成功并不是与生俱来的，你认为那些成功的同学们，是如何通过努力奋斗，克服困难和失败，而最终获得成功的？

通过学生的反思和分享，可以引导学生意识到每个人身上都有值得学习的地方，同时也相信自己有独特的价值和魅力。在与学生进行成长型沟通前，建议教师充分了解每个学生的优势，对学生自身的优势给予充分的肯定，对于学生相对欠缺的部分，邀请学生一起探索解决问题的办法。跟学生沟通的目的不是为了批评学生的不足，也不是为了通过社会比较让学生"知耻而后勇",而是跟学生站在同一角度一起面对困难,陪伴学生一起探索更有效的方法来解决困难,从而得到收获和成长。

8.3　成长型思维理念下的家校沟通

8.3.1　家校沟通是教育中不可或缺的一环

在《康德论教育》一书中有这样一句话:"人只有通过教育才能成为人。"这句话指出,教育是人的社会化的过程。而教育是在家庭、学校、社会诸多因素的合力作用下实现的,离开其中任何一个环节,教育的效果便可能会受到影响。家庭教育、学校教育的共同作用越来越被重视,家校之间沟通和交流的重要意义也越来越凸显。

1. 政策背景

在 2015 年印发的《教育部关于加强家庭教育工作的指导意见》中指出,家庭是孩子的第一个课堂,父母是孩子的第一任老师。家庭教育工作开展的如何,关系到孩子的终身发展,关系到千家万户的切身利益,关系到国家和民族的未来。这是将家庭教育提升到了一个重要的地位。自 2022 年 1 月 1 日起施行的《中华人民共和国家庭教育促进法》,旨在引导全社会注重家庭、家教、家风,使千千万万个家庭成为国家发展、民族进步、社会和谐的重要基点。这都意味着,家庭和学校之间的交流合作会是一个重要的发展趋势,也是为孩子健康发展提供保障和支持的重要途径。

2. 现实背景

家校共育意识的提升和现代通信科技的发展,使得教师和家长之间的沟通变得越来越紧密、频繁。在家校共育的过程中,不乏教师和家长之间保持积极沟通,共同探索帮助学生进步的例子;同时也存在教师和家长之间沟通不畅,甚至引发不必要的矛盾,给学校教育和家庭教育均带来不利影响的事例。伴随着家校合作的更进一步深入,如何能够促进教师和家长之间更有效的沟通,如何更全面地了解孩子,统一思想,协同行动,为学生的发展提供积极教育合力,是当下亟待推进的问题。

8.3.2　培养家长拥有成长型思维

人们常说"家长是孩子的第一任老师"。学生成长发展中最关键的时期,是在家庭中跟父母在一起度过的。

你可能听到过类似的观点:"家长的思维模式影响着孩子的思维模式",然而,这句话仅仅说对了一半。你可能感到很奇怪:这句话怎么可能不正确呢?只有成长型思维的家长才能培养出成长型思维的孩子，这毫无疑问是对的呀！成长型思维的研究者们一开始也是这样认为的，于是他们开展了大量研究，希望弄清楚成长型思维在亲子互动中所扮演的角色和作用的机制。**研究结果表明，家长本身的成长型思维能够对孩子的成长型思维培养起一定作用，但是发挥更大作用的，是家长对于失败的态度。**这是因为，相比于家长对智力和能力的态度（即家长的思维模式），家长对失败的态度在生活中表现得更加明显，更容易被孩子捕捉到。

具体而言，**当家长认为失败是不好的、有害的时，这种态度会通过家长的日常言行传达出来，孩子会敏锐地捕捉到这种态度，从而慢慢地形成固定型思维模式。**这是因为，那些认为失败有害的家长通常更加关注从孩子的学习结果中体现出来的学习能力，而不太关注孩子学习的过程；**另一方面，当家长认为失败是有益、有帮助的时候，他们就会将更多注意力放在孩子学习的过程上，容许失败的结果，鼓励孩子将自身成长作为学习的目标。在这种情况下，成长型思维的土壤就在滋润着孩子的成长。**

举个例子，当看到孩子在考试中成绩不太理想时，家长对于这次"失败"的反应就非常关键。如果家长具有比较强的固定型思维，就可能会对孩子说："你这次考得不好，爸爸妈妈对你有点失望，你之前一直是前五名的呀！这次尤其理科分数不理想，也许你确实跟我一样不擅长学理科"。从孩子的角度来说，她/他听到的信息就是："看来爸爸妈妈只关注我的分数（学习结果）；而且，分数就是我能力的体现，如果分数不理想，就说明我不擅长这个科目……"。这次关于失败的谈话就像一只看不见的手，正在"坚定"地把孩子推向固定型思维。

同样是面对考试失利，成长型思维的家长则会将注意力更多地放在学习过程以及失败带来的经验上。家长可能会对孩子说："这次的考试成绩似乎不是你想要的结果，是不是可以换一种备考方法？我发现理科分数的提升空间比较大，看来在这几个学科上的学习可以更进一步，咱们可以好好梳理一下。"家长的这番话关注的是失败带来的经验教训，帮助孩子把关注点指向未来、问题解决和提升——这也正是成长型思维的体现。

总而言之，家长自身的思维模式毫无疑问地影响着孩子的思维模式，而这种影响是通过家长对于失败的态度这个关键的路径产生的。因此，家长可以在日常生活中建立更加积极地面对失败的态度，从而对孩子的成长型思维的形成起到促进作用。

在教师的日常工作中，常常需要和家长打交道。如何能够在家校沟通中让家长重视家庭中的思维模式、共同培养学生的思维模式呢？以下是几种常见的方式。

（1）邀请家长觉察自己的思维模式

教师可以邀请家长分享日常生活中跟自己的孩子互动的过程。教师可以列举几个常见的场景，比如：孩子考试考了一个比较理想的分数，家长一般会怎么反馈呢？孩子成绩下降了，家长一般会如何反馈呢？学生在学校犯了错误，比如迟到了、打架了，家长一般如何反馈呢？

（2）邀请家长体验不同的思维模式下的感受和行为

邀请家长分享在跟孩子互动的过程中，不同思维模式下的沟通方式对孩子产生的影响，包括孩子产生的想法、感受和行为等。

例如，同样是希望孩子多做些家务，固定型思维的家长可能会指责孩子"你就是懒！多帮我干点活不比你在那儿玩游戏浪费时间强？"，从而希望孩子能认识到自己的"错误"；而成长型思维的家长可能会用"你上次洗的碗好干净！爸爸妈妈今天有点忙，能不能请你把大家午饭的碗洗洗？"的方式来鼓励孩子做家务。

这两种不同的沟通方式会给孩子带来怎样的感受呢？

在固定型思维的指责之下，孩子会听到家长给自己贴了一个"懒"的标签，还说自己玩游戏是浪费时间，可想而知，孩子此时的心情一定不怎么好。孩子接下来会做出什么反应呢？也许会迫于家长的威慑力，不情不愿地放下游戏，去做家务。但这样的行为很显然不会是发自内心的，也是不可持续的。这位孩子下次再看到爸爸妈妈需要自己帮忙做家务时，恐怕躲还来不及。

另一方面，在成长型思维的鼓励之下，孩子首先会获得一个良好的感受"爸爸妈妈觉得我洗碗洗得干净"，心里不免小小得意一下。再听到爸爸妈妈需要帮忙，自己可以为家里做点贡献，也许就心甘情愿地主动来洗碗了。哪怕这句话并没能说动孩子来做家务，至少也给亲子之间的互动打下了一个积极的基调，为后面的沟通铺平了道路。

（3）给家长分享成长型思维模式的理念及理论依据

跟家长分享两种不同的思维模式，引导家长意识到，自己在跟学生的互动过程中，如果采用固定型思维的沟通方式，会让学生更关注结果，从而更容易焦虑和紧张，面对困难更难以坚持、挑战来临时也不敢面对。而如果家长拥有成长型思维模式，同时以成长型思维的方式跟学生沟通，可以帮助学生建立这样的信念：并不是自己做得不够好，只是自己暂时还做不到，相信通过自己的努力和坚持，自己一定会变得越来越优秀，越来越强大。

教师可以跟家长简单地分享成长型思维的脑科学依据，邀请家长跟学生分享成长型思维的特点，跟学生一起探索自己在学习的过程中，大脑是如何变化的，这都有助于家长和学生建立成长型的思维模式。

8.3.3 如何创造成长型思维的家校沟通机制

1. 成长型思维理念下家校沟通的时机

以往人们会有一种印象：只有学生犯了错误了，教师才会叫家长。但随着家校沟通的日益密切，教师和家长之间的沟通也更加频繁，选择合适的沟通时机，对于提升教育效果而言变得更加重要。通常在表 8-1 所列的情况下需要及时地进行家校沟通。

表 8-1　家校沟通的时机和做法

时机	做法
学生表现好的时候	向家长反馈学生的积极变化，肯定学生表现出的积极行为
学生有变化的时候	不论是积极的还是消极的变化，教师都可以及时跟家长沟通，及时了解孩子产生这种变化的原因，了解孩子在此过程中的心理变化和行为变化
学生有进步的时候	学生取得进步，这是激发学生自信的重要时机，教师可以及时向家长反馈学生在此过程中的努力和坚持，并邀请家长回家时也及时表扬孩子，关注孩子的具体行为，让孩子感受到自己是被关注的，同时也更愿意做出被看到和被表扬的积极行为
学年中重要的时间节点	如开学之初的家长会、学校组织大型的活动、学期期末家长会等时间节点，教师都可以结合当下最为关键的问题跟家长沟通。也可以鼓励家长分享家庭中成长型思维的故事，向家长分享学校的"成长之星"事迹，邀请学生向家长分享自己的"成长故事"等

2. 成长型思维理念下家校沟通的原则

我们已经知道，沟通不是单方向信息的传递，不是教师向家长告状的工具，也不是和家长相互推诿教育责任的渠道，成长型思维理念下的家校沟通要求双方聚焦学生的成长，更多地了解孩子，相互分享和交流重要信息。因此，成长型思维理念下的家校沟通要遵循以下几个原则：**态度平等、聚焦成长、彼此支持、求同存异**，通过家校沟通，促进双方对孩子更全面、客观的了解，及时发现问题，跟孩子进行成长型思维理念下的沟通，培养学生在生活和学习中的成长型思维。

3. 成长型思维理念下家校沟通中的几个要点

成长型思维理念下的家校沟通中，要明确哪些做法是有效的沟通方式，哪些做法是低效、甚至无效的沟通方式，见表 8-2。

表 8-2　家校沟通中典型的做法对比

	有效做法	低效或无效做法
沟通的顺序	先说积极的方面	先说消极的方面
沟通的内容	描述事实	表达评价和观点
沟通的数量	集中在一个问题上	"贪心"地希望解决多个问题
沟通的语言表达	正向表达	负向表达
沟通中的比较	看到学生自身的进步	与其他学生进行比较
沟通中对家长的态度	肯定家长的参与和付出	批评家长的缺席和不足
沟通的落脚点	给出具体、可操作的建议	只谈问题，不谈建议

4. 如何向家长表扬学生

学生在学校有了良好的表现，或取得了进步时，教师可以在和家长的日常沟通中，给予积极的反馈。具体需要注意以下几个方面：

（1）**表扬过程**：向家长表扬学生时，结合成长型思维的理念，重点关注学生努力的过程而非结果。如果学生近期课堂表现很好，向家长反馈时尽量避免直接说结果，可以关注学生一段时间以来的变化活动。比如"王同学这一周的语文作业都按时完成，字写得很工整，能感觉到她在写作业的时候非常认真，学生的努力也得到了回报，明显感到她上课举手回答问题的次数增加了，非常好"。

（2）**表扬学生具体的行为**：表扬要具体客观，聚焦于学生具体的行为，例如学生怎样表现出了努力和坚持，学生具体做了怎样的尝试等。比如"李同学在学校写作业的时候遇到不会的题目会主动问老师，如果老师不在，也会问其他的同学，看到他如此努力，作为老师我也很感动"。

（3）**表扬要及时**：及时向家长反馈学生的情况，能让学生感受到自己是被关注的，体验到更多的成就感和价值感。

5. 如何与家长沟通学生做得不够好的方面

当学生在学校犯了错误，某一段时间学习上有所退步，或者在课堂上变得不够积极主动时，教师也要及时跟家长沟通。具体可以从以下几个方面进行反馈：

（1）**客观描述学生的行为，而不是给学生贴标签**。比如，学生今天课间因为小事跟同学吵架动手了，教师需要及时跟家长反馈，但不要给学生下一个笼统的结论或者贴标签，比如"今天刘同学闯了大祸了""刘同学近期很容易冲动"，而是要具体描述学生当下的行为，如说"刘同学今天课间跟张同学起了冲突，动手打了张同学"，或者"刘同学这周跟同学起了3次冲突，今天课间还跟张同学动手了"之类的语言。也就是说，要聚焦于学生具体的行为，而不是对学生做出总体的评价。

（2）**向家长了解学生的现状**。面对学生在学校的反常表现，教师要及时了解是否近期家里发生了什么特殊的事情，及时了解学生行为背后的心理活动，跟家长共同探索可能的原因并及时跟学生沟通。

（3）**接纳学生，聚焦于问题的解决**。学生犯错误很正常，在了解学生具体行为及心理活动的基础之上，教师可以跟家长一起讨论如何解决问题，必要的时候可以邀请学生一起参与讨论，培养学生自我负责的意识。

（4）**接纳家长的情绪**。家长面对学生犯了错误，也经常会有无法控制的情绪，教师要及时引导家长，用成长型思维看待学生现在犯的错误，也可以请学生说出这件事对自己的启发和收获，帮助家长意识到，在这个事件中，学生也有值得肯定的地方，而在此时犯的错误，恰好是学习和成长的机会——学生总是可以逐步学习和成长，但是在这一刻，需要教师、家长来陪伴学生共同面对。

Chapter 09
第 9 章 成长型思维校园文化创设

我们先来看一个案例。

于老师一直对成长型思维很感兴趣，也将成长型思维融入了自己的数学课教学，他发现学生可以从成长型思维中受益很多：学生们在上课时，更加积极地回答问题，作业也更加认真，也更不会被挑战和失败所吓倒；甚至一些原来成绩有待提升的同学，也获得了成绩进步。但是他也发现，在不同的班级中，学生从成长型思维中的受益程度有明显差距——有的班级似乎和成长型思维更加"合拍"，学生更加相信成长型思维的积极作用，而有的班级则对成长型思维"不那么敏感"，学生依旧认为能力本身是固定不变的。于老师对这个问题感到疑惑：为何采用同样的教学方式，带来的结果会大不一样？

近期的一系列大规模研究可以很好地回答于老师的问题：即使同一年级、学情类似的学生群体，从成长型思维课程中的收获也可能会出现差异，而造成这种差异的主要原因则是班级教师（尤其是班主任和授课教师）的成长型思维水平，以及班级的成长型思维文化环境。

教师们在拥有成长型思维文化环境的班级中授课时，往往授课效果更好，学生收获也更大。但是，**如果班级环境支持固定型思维，学生就难以从成长型思维课程中受益**——对于这些班级，成长型思维的文化环境建设是当务之急，只有班级里的老师和同学均认为成长型思维有大作用，能促进他们的积极发展，成长型思维课程才能"如鱼得水"，达到预期的教育效果，并推动学生不畏挑战，努力前行，与更好的自己相遇。

9.1 创立成长型思维的校园文化环境

如何创立成长型思维的校园文化环境（以下简称"成长型的校园文化"），使得学生更能从成长型思维中受益呢？以下内容将简述创设成长型的校园文化的理念和原则。

9.1.1 成长型校园文化的作用机制

近年来，积极青少年发展观（Positive Youth Development，PYD）在心理学研究领域逐渐兴起，该视角不聚焦于"问题/缺陷"，而是更注重儿童、青少年在发展过程中所具有的优势和潜能，同时强调儿童、青少年与环境间积极互动的重要意义。在积极青少年发展观的视角下，青少年的积极发展是个体与情境共同作用的结果——**积极环境能够促进个体的积极发展，而个体的积极发展情况也能够推进积极环境的创设，二者能够形成合力，形成成长型思维的积极互动循环**。

在积极青少年发展观的视角下，成长型校园文化的创设是多方因素共同作用的结果：作为创设成长型校园文化的主体，持有成长型思维的学生和教师能够通过平时的学习、沟通交流和课外活动等，创设一片富有成长型思维的校园文化环境，而富有成长型思维的校园文化环境，也可以反过来促进学生、教师的成长型思维信念，基于这一积极的互动循环过程，当创设了富有成长型思维的校园文化后，所有的成长型思维教育措施均能收到积极、可持续的效果，如图9-1所示。

图 9-1　成长型思维的积极互动循环示意图

9.1.2 成长型校园文化包括哪些要素

成长型校园文化环境的打造不仅仅是硬件、物质层面的，更是软件、精神层面的。处于一个成长型的校园文化中，学生不仅能在校园中看到和成长型思维有关的布置和装饰，还可以从每一位教职员工身上体会到成长型思维,以及在学校的各类活动中体会到成长型思维。在这些要素中,**教师自身所具备的成长型思维,以及学校整体对于成长型思维的认可和支持程度被称为个体成长型思维发展的"给养度"(affordance)**。成长型思维发展的"给养度"使得学生可以逐步理解、相信和践行成长型思维。

能够提供个体成长型思维发展"给养度"的教师、学校往往有以下特点:

首先,具有成长型思维的教师会:①重视学习和发展过程,而不是成绩和学习结果;②能够看到学生的小的进步和成功,并帮助学生明确知晓这些进步和成功;③鼓励学生积极应对困难和挑战,并做到"不以成败论英雄",能够在学生遭遇失败时给予支持、赋能;④提供练习和反馈的机会,允许学生不断地修订答案,并将学生在修订过程中的成长准确地反馈给学生。

其次,认可和支持成长型思维理念的学校会:①以学生的综合素养作为教学评价的标准,不过度重视成绩和升学率;②对成长型的校园文化建设有具体、可行、扎实的推进方案;③注重学生的心理健康和学习动机发展,鼓励教师和学生在教与学中探索和成长;④根据本校实际,灵活调整课程、作业和教学评估的方式,注重为学生提供挑战和成长的机会。

如果学校和教师不具有以上特点,难以提供个体成长型思维发展的"给养度"的话,哪怕学生学习了成长型思维,也难以在学习生活中应用并长时间保持。因此,提升个体成长型思维发展的"给养度",就像是提升土壤中的营养成分,"营养成分"较多的校园,自然能够孕育出健康、高大的成长型思维大树。

那么,如何提升给养度呢?这需要学校高度重视培养成长型思维的校园环境、教师注重培养成长型思维的年级环境,以及在班级中树立成长型思维的氛围。本章分别从校级、年级、班级3个不同层面列举了一些活动或设计方案,并给出了活动开展所需的条件和标准步骤,可以很好地加速学校提升"给养度"的过程,如图9-2所示。

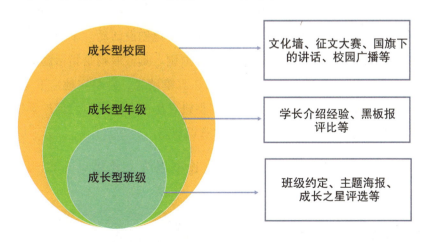

图9-2 提升个体成长型思维发展"给养度"的3个层次及典型活动

9.1.3 如何开展这些成长型校园文化创设活动

本章列举的活动方案需要在学生和教师对成长型思维有基本了解的前提下开展,例如已开展过前面章节所述的成长型思维系列课程等。有两种不同的开展成长型校园文化创设活动的方式:

(1)如果是首次接触成长型思维的概念,建议学校可以先开展成长型思维教研工作,组织教案组并安排负责教师,然后开展全校范围的成长型思维教育活动。在保证学生和教师对成长型思维具有基本的理解后,再进行相应的年级和班级文化创设活动。

(2)如果校内部分学生和教师已先接触了成长型思维(例如某个社团、某个班级、某个年级已先行开展了相关课程),则可优先在这些学生和教师中开展试点性文化和环境创设活动,再逐步扩大活动范围,最终惠及全校师生。

如举措得当,两种方式在教育效果上并没有显著差异。

同时,为适应不同情况和需求,本章提供的所有活动方案都包含"活动变式"的建议和思路。在保证活动目的达成的情况下,我们非常鼓励教师自主探索创新,欢迎大家创作属于自己的活动方案。当学生在班级中愿意遵守成长型思维下的班规、在年级中能够学到他人的成长型思维经验、在校园中常常看到和听到成长型思维时,我们相信,这就是一个成长型校园应具备的模样了。

9.2 学校层面的成长型校园文化创设

学校层面的成长型校园文化创设活动可以有以下的方式:成长型思维文化墙、成长型思维征文大赛、国旗下的讲话,以及成长型思维广播电台等。以上活动均由教师主导,并在开展过程中充分发挥学生的主体作用,以鼓励学生的积极参与。如果学校有网站、微博、微信公众号等新媒体媒介,也可在其中开展相应的文化创设活动。学校层面的成长型校园文化创设有两个关键原则:真诚原则和学生主体原则。真诚原则是指活动的内容、形式等要贴近学生的实际,贴合学生真实的学习生活,真挚诚恳,脚踏实地,不浮夸、不做作;学生主体原则是指充分尊重学生的心理需要,促进学生的主动参与,保护学生表达个性的愿望,并注重培养学生自我决定和自主负责的意识和能力。

9.2.1 活动一 成长型思维文化墙

1. 活动名称

成长型思维文化墙

2. 所需条件

校园里可以粉刷喷涂的墙体，面积不限。

3. 活动过程

（1）**选定墙面**：校方选定墙面用于绘制文化墙，测量墙体尺寸。

（2）**征集设计**：校方邀请参与过成长型思维课程或相关培训的教师和学生负责文化墙的设计，内容需体现成长型思维的核心理念——只要愿意努力且方法合适，每个人（尤其是学生）都会不断成长，成为更好的自己，如图9-3所示。可参考如下要求：

1）符合国家、地方和学校的相关法律和规定。

2）风格健康、积极、阳光、向上。

3）紧密围绕成长型思维的核心理念和相关内容进行设计。

4）以图为主，文字为辅，用色活泼，美观大方。

5）鼓励学生作为主体进行设计，教师进行总体统筹、指导即可。

6）鼓励借鉴优秀作品的风格和元素，但不可抄袭。

（3）**调整提交方案**：由学生提交设计方案，校方对方案进行审核，学生和教师共同调整设计方案，使之符合要求。

（4）**粉刷喷涂**：将设计方案粉刷喷涂至墙面上，成为校园里一道亮丽的风景线。

图9-3 成长型思维文化墙设计样例

4. 活动变式

（1）**选用环保材料**：可以采用印制并张贴巨幅海报的形式来代替粉刷喷涂墙面。此方法更加环保节约，便于定期更换。

（2）公开征集方案并投票：如果全校师生对于成长型思维均有所了解，可向全校范围的师生征集设计方案，由校方选出符合要求的若干份方案进行公布，由全校师生进行投票，最终采用票数最高的方案。此方法可以充分调动全校师生的积极性，增强师生的主人翁意识，增强校园活力。其他未被采用的方案也可留存，作为下个学期的文化墙设计候选方案。

（3）增加本校特色元素：设计方案在体现成长型思维的基础上，还可结合体现学校特点的相关元素。例如，加入校名、校徽、校训、学校倡导理念等元素。此方法可在宣扬成长型思维的同时增加学校特色和凝聚力，一举两得。

9.2.2 活动二 成长型思维征文大赛

1. 活动名称

成长型思维征文大赛

2. 所需条件

成立征文组委会和评选委员会，准备奖品奖状。

3. 活动过程

（1）**选定主题**：校方选定征文题目，紧密围绕成长型思维即可。例如，"我的成长""原来这就是成长型思维""成长型思维是……""成长型思维——反内卷，不躺平"等，甚至可以不规定题目，只规定主题，以激发学生的创作灵感。

（2）**开展征文**：校方公布征文主题和征文要求，面向学习了成长型思维的学生进行征文。可参考如下要求。

1）内容健康、积极、阳光、向上。

2）文体不限，无字数限制。

3）文章紧密围绕成长型思维的核心理念和相关内容。

4）文章内容应充满真情实感，是学生自主、自愿的表达。

5）写作过程中可以有教师进行指导，但不可由教师代写。如有指导教师，需注明。

6）不可抄袭。

（3）**评选征文**：征文截止后，校方组织了解成长型思维的教师组成征文评选委员会，对上交的征文根据以上标准进行评分。为保证评分的公平公正，评选委员会应分成不同小组，对征文进行匿名交叉评审。根据最终评分，对应设立特等奖、一等奖、二等奖、三等奖、参与奖。为鼓励学生积极性，征文应至少保证获得参与奖。

（4）**公布获奖名单**：对获奖学生和指导教师进行表彰奖励。奖品可以是成长型思维书籍、学习用具、运动器材等有利于学生积极健康发展的物品。

4. 活动变式

（1）**面向全校征文**：如果全校学生对成长型思维均有所了解，可面向全校学生进行征文，在组织征文时可设置不同的组别，如低年级组、中年级组和高年级组。

（2）**宣传优胜征文**：对于优秀的学生征文，应鼓励学生将文章发表在报刊杂志（如校报）上，或在学校广播电台、国旗下的讲话时进行朗读。

（3）**组织教师征文活动**：可以单独设立教师征文大赛，鼓励教师参与活动。针对教师的征文主题应围绕成长型思维的教育培养等相关话题，例如"我是这样培养学生的成长型思维的""成长型思维与××学科教学""成长型思维教学实录"等。优秀的教师征文不仅应在校内表彰，校方还应鼓励教师将文章投稿发表在教育教学的相关期刊杂志上。

9.2.3 活动三 国旗下的讲话

1. 活动名称

国旗下的讲话——成长型思维主题

2. 所需条件

成长型思维主题讲话稿件。

3. 活动过程

（1）**撰写、征集成长型思维主题的讲话稿件**：首次开展活动时，可从学校管理者角度撰写稿件，倡导校园内的成长型思维文化，并以此开启成长型思维主题的系列讲话。后续稿件可以向教师、学生征集。建议本活动在征文活动后开展，可将学生和教师的优秀征文稍作修改后使用。

（2）**每周升旗时间开展活动**：优先邀请稿件作者在国旗下进行朗读；如果作者无法朗读，则邀请擅长朗读的教师或学生代为朗读。

4. 活动变式

替代方案：如果学校没有"国旗下的讲话"活动，或天气条件不适宜开展，则可改在广播操、眼保健操等环节，通过广播电台进行朗读。

9.2.4 活动四 广播电台成长型思维栏目

1. 活动名称

广播电台成长型思维栏目

2. 所需条件

成长型思维主题广播稿件。

3. 活动过程

（1）**开设栏目**：在本学期的学生广播中开设"我与成长型思维"栏目，每周一次，每次节目时长在 20 分钟左右。

（2）**组织稿件**：负责电台稿件的教师和学生可以从以下渠道收集组织稿件：

1）征文大赛优胜文章，包括学生征文和教师征文。

2）成长型思维相关书籍的章节片段，例如《终身成长》（卡罗尔·德韦克著；楚祎南译．江西人民出版社，2017．）、《坚毅》（安杰拉·达克沃思著；安妮译．中信出版社，2017．）。

3）从网上搜集的相关文章。

4）自行撰写稿件。

（3）**定期播出**：每周相应时段，定时播出成长型思维相关内容。

4. 活动变式

（1）**公开征集栏目名称**：开播前，教师和学生可为栏目征集名称，以起到宣传推广的作用。

（2）**收集栏目反馈**：定期评选最受欢迎的电台栏目，并收集相关反馈，以进一步改进栏目，使之既有特色，又受欢迎。

9.3 年级层面的成长型校园文化创设

年级层面的成长型校园文化创设活动主要有"学长介绍经验"活动，以及成长型思维黑板报评比等。年级层面的成长型校园文化创设活动重在分享经验和策略：经验是指学生的成长经验，特指学生使用成长型思维来应对困难和挑战的经验；而策略是指有效的应对策略，即学生在学习和生活中发现的，可以有效应对困难和挑战的策略。

9.3.1 活动一 "学长介绍经验"活动

1. 活动名称

学长介绍经验——成长型思维帮你忙

2. 所需条件

适合小学高年级及以上学生，建议在年级会上开展。

3. 活动过程

（1）**选择介绍经验的学长**：从目标年级（此次创设成长型校园文化的年级，如七年级）的高年级（如八、九年级）选择几名获得明显的成长和进步的学生，邀请他们提前准备一篇演讲稿件，内容是自己当时在目标年级（如七年级）时经历过的挫折、挑战，以及如何用成长型思维攻克了难题，获得了成长。要求内容一定是真实的，不可编造。

（2）**借助年级会开展经验介绍**：在某次年级会上，邀请学长参加，并在此环节依次上台介绍自己的经验。一次邀请1~3名即可，如果人数太多、内容太多，不利于台下学生的倾听和吸收。

（3）**回到班级中进行总结**：年级会结束后，请各班班主任带领本班同学开展总结，说一说自己从学长的经验中听到了什么、学到了什么、对自己有什么启发等。学生的感受没有对错之分，班主任教师应采用成长、包容的态度进行回应，帮助学生用成长型思维的视角来看待问题，将困难和挑战看成暂时、可控的，并引导学生从他人的有效经验中获取有益的内容，迁移至自己的学习和生活中。

4. 活动变式

（1）**录制视频**：对于讲述内容精彩的学长，可以将其讲述的过程录制成视频，并标注故事的主题。在不同场合可以有针对性地给学生播放。

（2）**一对一书信活动**：可将活动变为低年级和高年级学生一对一结对写信的模式，由低年级学生匿名将自己现阶段遇到的学业挫折或挑战写下来。班主任叮嘱学生，信件内容集中在学业方面，不要涉及个人隐私。信件完成后，交给班主任，班主任将信件编号，请学生记住自己的编号，然后将所有信件交给学习过成长型思维的高年级班级。高年级学生用成长型思维为学弟/学妹写一封回信，收集后交还给低年级班主任，班主任按照编号将回信一一返还给学生。在活动过程中，以学生的个人隐私为第一要务，切不可为了活动效果而牺牲学生隐私，破坏师生间的信任。

9.3.2 活动二 成长型思维黑板报评比

1. 活动名称
成长型思维黑板报评比

2. 所需条件
黑板。

3. 活动过程

（1）**公布评比主题和要求**：以年级为单位，年级组老师可商定一个成长型思维相关的板报主题，例如"成长的大脑""成长型思维伴我成长"等，向全年级各班公布，并约定评选日期。

（2）**各班绘制黑板报**：板报的设计、绘制由各班学生自主完成，班主任可参与指导，设计样例如图9-4所示。

图 9-4　成长型思维黑板报设计样例

（3）**评选表彰**：评选日期到来时，可由年级组长、各班班主任、各班班长组成评审团，为全年级板报进行评分，评分维度可包含：内容优质、设计美观、创意卓越等（其中内容应占最大比重）。为保证公正，班主任和班长不可为自己班级评分，最终计算各班平均分，选出优胜班级，进行表彰。

4. 活动变式

（1）**变换活动主题**：该活动可进行多次，每次可规定不同的成长型思维主题，例如"伟大的失败""我爱挑战""犯错有什么好处？""为他人的成功鼓掌"等贴合成长型思维、又能引发学生共鸣的主题。

（2）**拍照展示**：所有参赛板报均拍照留存。可将照片统一冲洗，在学校公告栏进行张贴展览。对于设计优秀的学生和班级，可以邀请其为学校文化墙进行设计。

9.4　班级层面的成长型校园文化创设

班级层面的成长型校园文化创设活动主要有成长型思维班级约定（简称"成长型班级约定"）、成长型思维主题海报、"成长之星"评选等。班级中的成长型校园文化创设重在参与度和灵活性，教师需要鼓励每个学生积极、主动地参与，还可以根据班级的特点，定制具体的文化创设内容。

9.4.1 活动一 成长型班级约定

1. 活动名称

制定成长型班级约定

2. 所需条件

一节新学期的班会课，A4 纸若干，A1 白纸 1 张，彩笔若干。

3. 活动过程

（1）**准备材料**：班主任在课前准备以上材料。

（2）**引入**：班主任向全班宣布，本节班会课的主题是讨论商定班级约定，要求是要符合成长型思维的特点。班主任首先带领学生回忆成长型思维有哪些特点，例如"共同努力""不怕犯错""失败面前不气馁""勇敢挑战"等。然后举例讲解班级约定应怎样写，例如遵循"遇到……情况，要……/不要……"的形式，语言要简练明确，表达要积极。

（3）**小组讨论**：接下来，班主任将学生分成小组，每组发放 1 张 A4 纸，请每个小组讨论 3～5 条符合成长型思维的班级约定，写在纸上。讨论大约持续 5 分钟，结束后，班主任邀请每组同学依次发言，分享本组的成果。另请班长到台前，将每位发言者的内容简要记录在黑板上。后面发言的同学只说与前面同学不同的内容，重复的不说，以节约时间。

（4）**全班投票**：所有小组分享结束后，黑板上已经积累很多条班规的内容。大家共同讨论，举手进行投票，班长记录每条约定所得的票数。最终，得票最高的 1～3 条成为本学期/学年的班级约定。如有多个条目获得票数相等，班主任可自行定夺，也可让学生加投 1 轮。

（5）**制作班规海报**：投票结束后，班主任将得票结果进行记录。请宣传委员或擅长书法的同学将最终入选的班级约定写在 A1 大白纸上，并在下方留一块空白，用于全班同学签名。

（6）**全班签名**：全班同学依次在班级约定海报下方的空白处签名，表示愿意遵守约定。

（7）**海报美化和张贴**：利用课间时间，请宣传委员或擅长美术的同学对海报进行美化装饰，然后张贴在教室墙上，至少保留一个学期，样例如图 9-5 所示。

图 9-5 成长型班级约定样例

4. 活动变式

（1）**事先准备符合条件的班级约定**：为确保约定内容符合成长型思维，班主任可事先准备若干条成长型班级约定作为候选。可参考如下内容："以努力为荣，不嘲笑别人的努力，不掩盖自己的努力""当同学在大家面前犯错时，不要嘲笑他/她""困难是学习的好机会，我要再尝试一次""用好方法才能事半功倍"等。班主任可针对本班同学的特点制定。

（2）**学生自主组织完成本次班会**：班主任应鼓励学生的想法，鼓励其行使班级主人翁的权力。有条件的情况下，可由学生自行组织本次班会，班委推进流程，班主任作为顾问参与其中。在遇到问题与矛盾时，鼓励学生采用理性辩论的方式阐述自己的观点，最终的决定权保留在全班同学手里。

（3）**制作展板进行展示**：全年级各班的班级约定海报制作完成后，可以制作成展板，在年级范围内进行展览，彰显各班特色，增强学生的集体荣誉感。

（4）**沿用和调整**：新学期开始后，既可继续沿用此班级约定，也可以通过全班讨论来调整现有班级约定。

9.4.2 活动二 成长型思维主题海报

1. 活动名称

成长型思维主题海报

2. 所需条件

A1 大白纸，彩笔。

3. 活动过程

（1）**收集主题内容**：在班里学生学习了成长型思维的基本内容后，班主任就可以开展本项活动了。在全班范围内，可以向同学们征集体现成长型思维的故事、金句等，可以是自己的感悟，也可以是名人案例。收集时注意记录提供内容的学生姓名。例如，符合成长型思维的金句包括"失败乃成功之母""成功是 1% 的天赋加 99% 的汗水"等。

（2）**制作海报**：可以将多个内容誊写到 A1 纸上，形成一张海报，样例如图 9-6 所示。在每段内容的下面，务必标注提供内容的学生姓名。誊写完毕后，对海报进

图 9-6 "大脑工作坊"主题金句海报设计样例

行装饰，并张贴在教室墙上。

（3）**定期更新海报**：班主任每过一段时间可以重新制作一张海报，尤其是在考试前、校运动会前等重要时间点，一张具有针对性的海报可以对学生起到非常好的鼓舞作用。

4. 活动变式

（1）**可以采用海报的形式，也可以采用黑板报的形式**。海报的优点是便于留存和流动张贴，黑板报的优点是环保节约。

（2）**如有条件，可以在电脑上设计海报并印刷**。

（3）**可以将制作主题海报的工作交给学生，以组为单位，首月由第一组负责制作首张海报，次月由第二组制作，依此类推**。负责制作的小组在班主任的指导下完成金句的收集、海报的制作等工作。这样可以增加学生的自主能力和组织能力，激发小组之间的良性竞争。

（4）**学期期末，可以组织全班同学票选"最佳金句"和"最佳海报"，得票最高的金句提供者可获得荣誉与奖励**。

9.4.3　活动三　"成长之星"评选

1. 活动名称

"成长之星"评选

2. 所需条件

一节学期期末的班会课，A1 大白纸，彩笔，贴纸。

3. 活动过程

（1）**提前准备**：班主任在学期刚开始时告知学生本学期期末会评选"成长之星"，并在学期过程中不断提醒，请同学们选择一件有益的事情增加自己的成长力，同时注意观察其他同学的成长故事，及时记录下来。

（2）**引入**：班主任宣布本节班会课的主题为评选本学期的"成长之星"。班主任带领学生复习成长型思维的表现。

（3）**候选人自荐或他荐**：接下来，班主任邀请学生自愿上台进行自荐或他荐，并阐述推荐理由，最好包含一个体现候选人成长的小故事。每位获得推荐的学生姓名由班主任写在 A1 大白纸上，每个姓名单起一行，后面留出足够的空间来贴纸投票，样例如图 9-7 所示。

（4）**投票**：所有候选人阐述完毕后，进入投票阶段。班主任给每位同学发放 3 张贴纸，请学生将贴纸贴在自己心目中的 3 位"成长之星"的名字后面。班主任可以组织各小组依次上前张贴，以保持课堂秩序。班主任自己手中也有 3 张贴纸，可以用于投票。

图 9-7 "成长之星"评选海报样例

（5）唱票：班主任请 2 位班委上前统计得票结果，得票最高的学生获得本学期"成长之星"的荣誉，其他所有候选人均可获得"成长小能手"的荣誉。

（6）颁奖：班主任为以上学生进行颁奖，奖品可以是成长型思维书籍、学习用具、运动器材等有利于学生积极健康发展的物品。

4. 活动变式

（1）**不断强化观念**：在整个学期过程中，班主任应不断适时地和学生交流成长的话题，以保证学生对于成长型思维的概念理解准确，并且有所积累。例如，班主任可以随时对学生在学习、运动、班集体活动中所体现出的成长进行表扬，也可以在班会、课堂上讲一些名人的成长故事，巩固学生脑海中对于成长的理解。

（2）**规范成长的范围**：原则上鼓励同学在对自己身心健康和长期发展有益的事情上不断成长，例如学习、阅读、运动、艺术、编程、助人为乐等方面。沉迷游戏等不健康的生活方式不能算作成长，班主任要不断强调这一点。

Appendix

附录　成长型思维课例

课例 1　厌学君就医记

作者：深圳市龙岗区清林小学　王婧

1. 活动方案

（1）活动目标

1）认知目标：理解成长型思维在学习情绪中的应用。

2）情绪目标：对成长型思维产生积极情绪，愿意在学习中更多靠近成长型思维。

3）行为目标：助人自助，能够用成长型思维给有厌学情绪的同伴提出行动建议，并结合自己的学习实践进行尝试。

（2）活动材料

1）"厌学医院清单"：用 A4 纸打印"厌学医院清单"，每组一份，样例见表附-1。

2）课前准备：上课前，了解学生学习情绪现状（即"厌学情绪"现状），并提前按 4 人小组或 6 人小组进行分组。

表附-1　"厌学医院清单"内容示例

厌学君自诊单	厌学君处方单
姓名：　　　　年龄： 厌学病情表现： a） b） c） 曾使用过的自我调适方法： a） b） c）	找出"厌学君自诊单"中成长型思维的体现，画下划线，并尝试用成长型思维给厌学君开出处方单。 治疗方法： a） b） c） 医生签名：

（3）活动过程

1）形成小组，发放教具。

组织学生形成 4~6 人一组，给每组发放 1 份"厌学医院清单"，内容包括 1 张"厌学君自诊单"和 1 张"厌学君处方单"。

2）讲解活动规则。

- 由小组内 1 名同学扮演厌学君，该同学需独立填写完成"厌学君自诊单"。
- 扮演厌学君的同学带上"自诊清单"到"厌学医院"就医，小组其他成员扮演"医生"，共同讨论并结合成长型思维填写"厌学君处方单"。

3）学生分组开展活动。

（a）任务一：按照课前分组开展活动，小组内讨论产生本小组扮演"厌学君"的同学。

- 组内同学自愿报名扮演"厌学君"。
- 如无同学自愿报名，小组内用随机方式决定"厌学君"的扮演者（如猜拳、抽签等）。
- "厌学君"独立填写"厌学君自诊单"，准备参加下一轮活动。

（b）任务二："厌学医院"的"医生"会诊，给"厌学君"开处方。

- 其他小组成员扮演"厌学医院"的"医生"，共同阅读"厌学君自诊单"，找到其中体现成长型思维的部分并标注出来。
- "医生"围绕"厌学君"的"病征"，集思广益，以成长型思维在"处方单"中开出处方，处方单内容越多越好，越具体可行越好。

（c）任务三：分享本组的"厌学君处方单"。

- 各组选出一名代表，将本组的"厌学君自诊单"和"厌学君处方单"进行投屏展示，并进行介绍分享。其他小组成员可以进行补充。
- 在各组分享过程中，教师将"厌学君处方单"中有价值的内容进行梳理和板书。
- 在各组分享结束后，同学们从小组状态回到课堂状态。

4）学生分享活动感受和收获。

邀请几个小组代表分享在本次活动中的感受，引导学生用成长型思维对厌学进行理解和思考，着重帮助学生理解"厌学情绪很常见"，并帮助学生梳理有价值的应对方式。

2. 设计思路

本课聚焦于用成长型思维理解厌学问题，通过自我评估、同伴互助的方式，渗透成长型思维在日常学习中的应用。为了更好地帮助学生理解，活动中设计了"自诊单""处方单"的形式，规则简单，贴近学情，符合学生的认知和兴趣规律。

在实际教学中，学生参与度很高，尤其是在给"厌学君"开"处方单"的环节。教师应提醒学生进行有效讨论、提升讨论效率。当然，学生一旦投入讨论就容易"意犹未尽"，很难在教师提示时立刻停下来，也很难完全静下来听取其他同学的发言分享，这时可对课堂秩序稍作调控，待全班安静下来后，再进行分享。也可以将本课设置为两个课时，在第二课时用于充分讨论和分享。

3. 常见问题与解答

◆ **当个别小组学生在讨论过程中难以与成长型思维进行联系时，怎么办？**

在实践过程中，绝大多数小组的成员能够与成长型思维进行联系，但有个别在现实学业中确实存在困难的小组，难以用成长型思维进行联系，这时教师需要细致观察，有意识地及时针对这种情况进行引导。例如，教师可以举例示范为学生提供参考；可以在各小组表达过程中，积极寻找值得肯定的点，有意识将其与成长型思维相联系，进行强化。同时，教师也应特别注意营造良好的倾听氛围，在最后的分享环节中，引导学生积极倾听，从而实现同伴互助。

课例2　激活备考时的成长型思维

作者：深圳市龙岗区宝龙学校　刘丽丽

1. 活动方案

（1）活动目标

1）认知目标：能用成长型思维看待准备考试的过程。

2）能力目标：体验"心理预演"方法，从中激发备考时的成长型思维，在日常学习中能够应用此方法调整自己的备考状态。

3）情感目标：认同用成长型思维模式看待备考的重要性，提升考试信心，激发积极备考行为。

（2）活动材料

1）"心理预演"背景音乐、"心理预演"指导语。

2）"心理预演"学习单，每人1份，样例见表附-2。

表附-2　"心理预演"学习单

"心理预演"学习单
"心理预演"前测：20秒找到字母a的数量_____ Pqxcioagyrxphmsxyiotchlubplsxygkosxbfkospbgbyqvaejotyhprwafktxchmryapkpchmqvafksbymypafjotbhmrxbgyqpbgludhmrtcjotyphyrwbglqupeinsxypmrvafkotchmrypfksbhlqvaftyplqvafksbglqvyepopbhmqvafkotyhypvafktbhmquzeypbhmrwafktchmrybgptchmrwbfktyhpqpafksxchmryaykspphlqvafktbhlyupejot
"心理预演"后测：20秒找到字母q的数量_____ Pqxcioagyrxphmsxyiotchlubplsxygkosxbfkospbgbyqvaejotyhprwafktxchmryapkpchmqvafksbymypafjotbhmrxbgyqpbgludhmrtcjotyphyrwbglqupeinsxypmrvafkotchmrypfksbhlqvaftyplqvafksbglqvyepopbhmqvafkotyhypvafktbhmquzeypbhmrwafktchmrybgptchmrwbfktyhpqpafksxchmryaykspphlqvafktbhlyupejot

（3）活动过程

1）游戏"抓期末"。

（a）教师说明游戏规则："老师将朗读一段内容，名字叫作'抓期末'。请大家仔细聆听，并回答后面的问题。"

（b）教师朗读"抓期末"内容："期末是一个学期的最后一个阶段。在期末，各个学科都已经完成了新授知识的教学任务，开始进入复习阶段。期末最重要的事情就是好好复习，积极备考。期末考试的理想成绩是期末复习效果的最好体现，我们要抓住期末的时间，将所学知识巩固好，同时也要调整好期末复习阶段的心理状态，以饱满的精神迎接期末考试的到来。"

（c）教师提问："在刚刚老师读的短文中，期末最重要的事情是什么？期末除了巩固所学还需要做什么？"

2）案例分析。

（a）教师衔接："感谢大家的分享，正在期末复习的兰兰，现在状态不太好，我们一起看看她怎么了？"

（b）教师在PPT上呈现案例——"苦恼的兰兰"：期末复习开始了，兰兰状态不太好。因为上次考试成绩不理想，兰兰对这次考试没有什么信心，觉得自己再怎么努力也没用，越临近期末，越没有心思复习，觉得自己不会的太多，心里想着干脆放弃算了。可是看到同学们都非常认真地复习，心里又开始紧张焦虑，觉得自己不能再这样下去。有的时候太着急，连睡眠都受到了影响，但是苦于找不到调整自己的方法，复习状态越来越差。

（c）教师提问："面对期末考试，兰兰的思维模式是哪种类型？在这种思维模式下，兰兰期末备考的状态怎么样，她的具体表现有哪些？"

（d）小组讨论：如果用成长型思维模式看待备考，兰兰会怎么想？她会有怎样不同的表现？

（e）小组分享：各组派代表分享本组的讨论结果。教师对学生提供的成长型思维下看待备考该怎么想、怎样做进行总结和提炼：备考是对自己学习状态的自我检验；有效备考能够提升知识掌握的熟练程度；备考让我们考试的时候心态更好；备考能够查漏补缺……

3）体验"心理预演"。

（a）教师衔接："备考是期末考试前的准备，以成长型思维看待备考能够让我们在备考中调整好心理状态、提升备考效率与考试信心，最终更好地面对考试。今天老师给大家介绍一种新的方法，让大家在备考的这段日子里，激活成长型思维，增强心理能量，提升积极备考行为。"

（b）"心理预演"前测：找字母a（不要提前公布，直接显示在PPT上）。"为了检验这一方法的效果以及对你个人的适用度，我们在练习前做一个小小的前测。大家请看'心理预演'学习单，我们看到了一些打乱的字母，20秒的时间内，请你尽快找出相关字母，可以画圈、划掉、打钩等，当你看到字母出现在屏幕上的时候，计时开始，你就可以开始了。（20秒后）这20秒中，你找到了几个字母a呢？把找到的数量写在学习单相应位置。然后放下笔，调整一下自己，我们进行'心理预演练习'。"

（c）体验"心理预演"（播放背景音乐）："请同学们调整坐姿，轻轻闭上眼睛。调整呼吸，让自己放松下来。用鼻子缓缓吸气，用嘴巴慢慢吐气。吸气——吐气——现在，想象时间已经来到了期末考试那天早上，你已经做好了考试的准备，所以心情不错，你又检查了一遍考试要用的文具。确定已经准备好后，你坐在考试座位上，等待监考教师发卷。这一场考的是数学，拿到卷子的那一刻，你的心里不免有些紧张。你想起心理教师曾经教过的呼吸放松法，于是你做了几次深呼吸，调整了一下心情，开始浏览卷子。冷静下来后，你发现试卷上的大部分题目以前都做过，于是信心倍增，在心里给自己默默加了油。开考铃声响起，你提笔答题，题目做起来比较顺利，你提醒自己要仔细再仔细。这时候，突然有一道题没了思路，不知道如何解答，你感觉自己心跳加快，旁边同学沙沙的做答声让你更加紧张。你定了一下神，做了几个深呼吸，再次仔细读了一遍题目，把关键词勾画了一下，思路立刻涌现了出来。你成功地解答了这道题目，更加增强了对于本次考试的信心。后面的答题越来越顺利，虽然有些题目对你来说有点难，但你也能够冷静应对、积极思考，带着这样的状态你完成了整场考试。虽然这是一场高强度的考试，但你并未感觉到疲倦，反而有一种喜悦冲上心头，对后面的考试更加有信心。带着完成考试的信心和喜悦，调整自己的呼吸，收回自己的思路，慢慢拉回到现在，当我数到3的时候，请你睁开双眼，回到课堂中。1、2、3。"

（d）"心理预演"后测：找字母q（不要提前公布，直接显示在PPT上）。"'心理预演'练习告一段落，我们看一下效果，请拿出刚才的学习单，看看下半页的题目。还是刚刚的检测方式，这次我们找字母q。当大家在PPT上看到字母q时，计时就开始了，准备好，开始。（20秒后）这次的20秒中，你找到了几个字母q呢？和前测相比，数字是否有增减？"

（e）教师提问："比较一下第一次和第二次，哪一次找到的字母多呢？请大家举手示意一下；第二次比第一次多的同学，你是怎么做到的？你有哪些感受？这一过程会促使你的哪些积极行为出现？第二次没有第一次多或两次相同的同学，用成长型思维如何看待本次尝试？接下来你会怎么做？"

（f）教师总结升华："通过对比两次测试结果，我们发现有些同学在'心理预演'后找到了技巧，有些同学增强了自信，实际上，我们自身的能力并没有变化，而是通过'心理预演'这种方式激活了我们面对挑战的成长型思维，激发了内在的信心，让我们在压力下表现得更好！对于效果没有那么明显的同学，当我们用成长型思维看待本次尝试的时候，也有很大的启发。而每一次考试，我们都可以看成一次挑战或者尝试，激活成长型思维，就能让我们积极行动起来。"

4）教师总结

"请同学们回顾一下今天的课程，我们讲了哪些内容，哪些环节让你印象深刻？"教师总结祝福：激活备考时的成长型思维，拥有好心态，创造好成绩。

2. 设计思路

每当期末，进入复习冲刺阶段时。频繁的小测、模拟考试，不免让学生产生烦躁、紧张的情绪，能够以成长型思维去看待期末备考阶段，有一个良好的心理状态去应对期末的高强度复习，无疑是有利的。

心理学家指出，想象和梦想都是一种创造力。当想象和梦想与你的需求相结合的时候，就会产生巨大的行动力量。当一个人想象成功时，思维会引导你产生成功的意念。"心理预演"就是运用这一原理，增加成功的信心，降低临场的焦虑情绪。"心理预演"是通过冥想让学生处于一种放松状态，在脑海中勾画出目标已经达到时的情景，从而提升学生在期末备考期间的信心和成长型思维，学生更愿意为了取得好成绩而付出努力，缓解学生备考时紧张、焦虑的情绪，为最终顺利完成期末考试提供心理能量。

3. 常见问题与解答

◆ "心理预演"活动中，学生前后两次测试对比效果不明显怎么办？

首先，保证两次找字母测试的难度一致是学生测试成绩有提升的必要条件。因此，在课程设计过程中，教师需要对本环节测试资料进行评估，确保两次测试难度一致。如有必要，可以邀请几位同学提前试做题目，以确保题目难度适宜。其次，充分实施"心理预演"冥想是学生提升测试成绩的关键因素。教师在备课时，可以根据学生的实际情况调整指导语的内容，增加符合学生实际情况的细节描述，以增强学生的代入感，提升"心理预演"的整体效果。最后，"心理预演"活动是缓解备考紧张情绪的方式之一，并不是"万能灵药"。教师带领学生体验此种方式为的是给学生提供另外一种选择，有些同学可能不适合用此种方式调整备考心态，这种情况也是十分正常的，教师要向学生做好相关的说明。

课例3 "错误"放大镜

作者：北京市西城区德胜中学　汪　婷

1. 活动方案

（1）活动目标

1）**认知目标**：认识到正视错误、反思错误、纠正错误是成长的必经之路；改变错误背后的固定型思维；学习提取错误中的学习资源，聚焦问题解决与改进。

2）**情绪目标**：接纳错误产生后的负面情绪，采用平和积极的心态面对错误。

3）行为目标：结合成长型思维分析和改进自身的错误。

（2）活动材料

"我的错误日志"学习单：A4 尺寸，每位学生 1 张，样例见表附 -3。

表附 -3 "我的错误日志"学习单

"我的错误日志"学习单
1）我在本学期犯过的最有价值的错误是：   2）这个错误告诉我什么重要的信息？   3）我可以如何改进，以避免未来出现类似的错误？

（3）活动过程

1）导入课程：初尝"错误"。

（a）小游戏：进化论。

游戏规则：进化分为四级，包括鸡蛋、小鸡、凤凰和人类。每级的动作如下：鸡蛋——蹲下来，双手抱膝；小鸡——半蹲，双手叉腰；凤凰——站立，双手举过头顶；人类——站立到指定区域。活动开始，全体学员蹲下视为鸡蛋，然后两人一组开始猜拳，获胜的一方则进化为小鸡，输拳的一方仍为鸡蛋，然后鸡蛋找鸡蛋、小鸡找小鸡，再两两一组开始猜拳，期间有进化，有降级；鸡蛋不再降级，进化为人类后则不再两两猜拳。

（b）活动结束后，教师提问学生："没有成功进化的同学，有什么感受？"

（c）教师导入：在我们的学习生活中往往充斥着各种各样的"犯错"或者"失败"。例如：

- "期末考试的计算题抄错了符号，导致这道题一分没得。"
- "上课回答问题出错，被老师狠狠批评。"
- "考试前没有系统深入的复习，导致这次考试各科都不太理想。"
- "作息不合理，白天昏沉，上课效率不高。"
- "滑雪比赛训练了两天，落下了两天的课，结果比赛还失利了。"
- "社团活动对输赢太较真，导致跟朋友关系破裂。"

（d）教师提问："请思考本学期你印象最深刻的一次犯错或者失败。"

（e）教师提问："请你用一个词语代表犯错之后的感受。"

教师在黑板上总结"丢人""崩溃""自责""懊悔""生气"……

（f）教师总结："犯错和失败时不时就会出现在我们的生活里，有的是学业方面的，有的是方法和习惯方面的，有的是人际交往方面的。犯错的滋味不太好，有时还有些苦涩，所以我们盼望自己最好不要犯错，犯了错后更多选择回避的态度。但是，错误真的那么可怕吗？我们今天一起来拿放大镜来看一看'犯错'这件事。"

2）错误放大镜。

（a）观看视频《苏炳添的短跑之路》。

（b）教师提问："苏炳添为何能不断进步，突破黄种人的'基因枷锁'，在超过了短跑运动员的黄金年龄后还能跑进10秒大关？他的诀窍在哪里？"学生回答。

（c）教师总结："主动寻找错误，主动暴露错误，主动反思错误，主动纠正错误，是每个人在任何领域不断进步突破的必经之路。错误不可怕，相反，它对于我们的成长和成功非常重要。"

（d）教师提问："我们应当如何做，才能让错误从青涩的苦果变成营养的佳肴呢？"

3）第一步：接纳情绪，转换视角。

（a）教师引导：犯错之所以会让我们有那么多的负面情绪，是因为犯错之后，我们通常会产生很多关于自己的固定型思维的想法，例如：

- "我又出错了，我太笨太傻了！"
- "我上课回答问题出错了，太丢人了！"
- "我总是重复在这个地方丢分，我恨自己！"
- "我没有按时完成老师布置的任务，老师对我的印象肯定会特别糟糕！"
- "我又没有完成今天的计划，我糟糕透了，我没法成为一名优秀的学生！"

教师引导：如果苏炳添一直停留在对自己能力的自责，对"基因限制"的抱怨上，他还能获得进步吗？请你试着将对过去的懊悔转换为对未来的改进，犯错后试着这么想：

- 犯错很正常，每个人会犯错。
- 犯错是一个学习的过程。
- 错误会告诉我一些重要的信息。
- 人从错误中成长。
- 我可以从错误中学到什么？
- 错误是重要的学习资源。

（b）教师提问："请你试着提出更多关于错误的成长型思维的想法。"学生回答。

（c）教师总结："犯错本是一件正常的事情，而且是人生成长道路上的必经之路。转换思维模式可以让我们从抱怨无助的情绪中走出来，聚焦未来、进步与问题解决。"

4）第二步：细致剖析，纠正改进。

（a）教师引导：从错误中成长的关键在于反思与改进。

（b）小组活动：错误百宝箱。活动规则如下：

- 教师提前搜集好学生的典型错误,包括学业、习惯与方法、社交等方面。
- 学生以小组为单位在错误百宝箱内抽取一个错误案例。
- 学生小组合作共同分析该错误案例,思考以下问题:
  ➢ 这个错误告诉我什么?
  ➢ 我该如何改进?
  ➢ 这些改进方案可以用在哪些场合 / 时间 / 习题中?

(c)各组展示本组案例和讨论结果。

5)我的错误日志。

(a)学生填写学习单"我的错误日志"。

(b)教师邀请学生分享自己的学习单,并将有价值的内容梳理成板书。

2. 设计思路

面对错误的态度和方法是成长型思维的重要组成部分。主动反思错误,积极纠正错误也是培养学生元认知能力的重要途径。然而,大部分学生有着较高的失败焦虑和恐惧,犯了错之后容易陷入懊恼、羞愧、自责等负面情绪,下意识地回避犯错误,缺乏主动暴露错误、主动反思错误、主动纠正错误的意识,也欠缺细致分析错误的方法和路径。

基于以上学生的心理现状及学情,本课以正视错误、重视错误、反思错误、纠正错误为逻辑主线。首先,接纳和认同学生在面临错误之后的懊恼、自责、羞愧等情绪,激发学生的学习兴趣。其次,通过视频引导学生认识到"错误不可怕,正视错误非常重要",并结合成长型思维来帮助学生重新建立对错误的认识。再次,介绍应对错误的方法。分为两步:第一步为接纳情绪,转换视角。引导学生将对过去的懊恼转换为对为未来的改进,聚焦进步与问题解决;第二步为细致剖析,纠正改进。通过错误百宝箱的活动引导学生学习如何分析错误,改进自我,帮助学生体会到错误是学业进步、心智成熟的重要踏板。最后,请学生将所学内容联系自身实际,主动分析自己学习生活中的错误。

3. 常见问题与解答

◆ **学生回忆不起来自己学习生活中的错误怎么办?**

在现场教学中,当老师提问"说一说你印象最深刻的一次错误",很多同学会表示没有或出现茫然的反应。这不代表着他们没有出现过错误,而恰恰说明他们出现错误的时候常采用回避的应对方式,在他们的意识里,错误代表着糟糕,因而避免谈论错误。这也说明,转变学生对错误的态度与认知非常重要。

老师可以提供错误案例激发学生的记忆,或者提示错误类别(如学业、方法或习惯、人际交往等)为学生搭建台阶。同时,本节课教师用积极、正向的态度带领学生一起讨论错误也是一种重要的示范:犯错是学习过程,错误是重要的学习资源。

参考文献

[1] 安妮·布洛克,希瑟·亨得利.成长型思维训练[M].张婕,译.上海:上海社会科学院出版社,2017.

[2] 安妮·布洛克,希瑟·亨得利.成长型思维训练.2[M].李华丽,译.上海:上海社会科学院出版社,2019.

[3] 卡罗尔·德韦克.终身成长[M].楚祎楠,译.南昌:江西人民出版社,2017.

[4] 李毅,宋乃庆.教育项目评估的专业化发展前瞻[J].国家教育行政学院学报,2017(9):43-49.

[5] 阿德勒,普罗科特.沟通的艺术:看入人里,看出人外[M].黄素菲,译.北京:世界图书出版公司,2010.

[6] 玛丽·凯·里琪.可见的学习与思维教学:让教学对学生可见,让学习对教师可见[M].林文静,译.北京:中国青年出版社,2017:20.

[7] 许维素.建构解决之道:焦点解决短期治疗[M].宁波:宁波出版社,2013.

[8] 杨文登.循证教育学理论及其实践——以美国有效教学策略网为例[J].宁波大学学报(教育科学版),2012(4):5-10.

[9] 贝尔(Bear M.F.),柯勒斯(Connors B.W.),帕罗蒂斯(Paradiso M.A.).神经科学:探索脑:第2版:中文版[M].王建军,译.北京:高等教育出版社,2004:98.

[10] 彭聃龄.普通心理学[M].5版.北京:北京师范大学出版社,2018:52.

[11] ARONSON E. The power of self-persuasion[J]. American psychologist, 1999, 54(11): 875-884.

[12] ARONSON J, FRIED C B, GOOD C. Reducing the effects of stereotype threat on African American college students by shaping theories of intelligence[J]. Journal of experimental social psychology, 2002, 38(2): 113-125.

[13] BLACKWELL L S, TRZESNIEWSKI K H, DWECK C S. Implicit theories of intelligence predict achievement across an adolescent transition: a longitudinal study and an intervention[J]. Child development, 2007, 78: 246-263.

[14] BOKSEM M A S, KOSRERMANS E, CREMER D D. Failing where others have succeeded: medial frontal negativity tracks failure in a social context[J]. Psychophysiology, 2011, 48(07): 973-979.

[15] CAMERON A H, YEAGER D S, DWECK C S, et al. Beliefs, affordances, and adolescent development: lessons from a decade of growth mindset interventions[M]// LOCKMAN J J. Advances in child Development and behavior. San Diego, CA: Academic Press, 2021, 61: 657-686.

[16] Centers for Disease Control and Prevention. Framework for program evaluation in public health[EB/OL]. [2022-05-21]. https://www.cdc.gov/mmwr/PDF/rr/rr4811.pdf.

[17] CHEN H T. Practical program evaluation: theory-driven evaluation and the integrated evaluation perspective [M]. Thousand Oaks, CA: Sage, 2015: 58-82.

[18] CLARO S, PAUNESKU D, DWECK C S. Growth mindset tempers the effects of poverty on academic achievement[J]. Proceedings of the National Academy of Sciences, 2016, 113(31): 8664-8668.

[19] COHEN G L, GARCIA J, GOYER J P. Turning point: targeted, tailored, and timely psychological intervention[M]//ELLIOT A J, YEAGER D S, DWECK C S. Handbook of competence and motivation: Theory and application. 2nd ed. New York, NY: Guilford Publications, 2017: 657-686.

[20] COSTA A, FARIA L. Implicit theories of intelligence and academic achievement: a meta-analytic review[J]. Frontiers in Psychology, 2018（9）: 829.

[21] DWECK C S. Self-theories: their role in motivation, personality, and development[M]. New York, NY: Psychology Press, 1999.

[22] DWECK C S. Mindset: the new psychology of success[M]. New York, NY: Random House Incorporated Press, 2006.

[23] DWECK C S. The journey to children's mindsets—and beyond[J]. Child development perspectives, 2017, 11（2）: 139-144.

[24] DWECK C S, LEGGETT E L. A social-cognitive approach to motivation and personality[J]. Psychological review, 1988, 95（2）: 256-273.

[25] DWECK C S, YEAGER D S. Mindsets: a view from two eras[J]. Perspectives on psychological science, 2019, 14（3）: 481-496.

[26] ESKREIS-WINKLER L, SHULMAN E P, YOUNG V, et al. Using wise interventions to motivate deliberate practice[J]. Journal of personality and social psychology, 2016, 111（5）: 728-744.

[27] HEYMAN G D, DWECK C S, CAIN K. Young children's vulnerability to self-blame and helplessness[J]. Child development, 1992, 63: 401-415.

[28] HONG Y, CHIU C, DWECK C S. Implicit theories of intelligence: reconsidering the role of confidence in achievement motivation[M]. KERNIS M H. Efficacy, agency, and self-esteem. Boston, MA: Springer, 1995: 197-216.

[29] HONG Y, CHIU C, DWECK C S, et al. Implicit theories, attributions, and coping: a meaning system approach[J]. Journal of personality and social psychology, 1999, 77（3）: 588-599.

[30] KRAKER-PAUW E D, WESEL F V, KRABBENDAM L, et al. Teacher mindsets concerning the malleability of intelligence and the appraisal of achievement in the context of feedback[J]. Frontiers in psychology, 2017（8）: 1594.

[31] MAGUIRE E A, GADIANT D G, JOHNSRUDE I S, et al. Navigation-related structural change in the hippocampi of taxi drivers[J]. Proceedings of the National Academy of Sciences, 2000, 97（8）: 4398-4403.

[32] MARK M, HENRY G T, JULNES G. Evaluation: an integrated framework for understanding, guiding, and improving public and nonprofit policies and programs[M]. San Francisco, CA: Jossey Bass Incorporated Publishers, 2000.

[33] MEHRABIAN A. Silent messages: implicit communication of emotions and attitudes[M]. 2nd ed. Belmont, CA: Wadsworth Publishing Company, 1981.

[34] MOSER J S, SCHROSER H S, HEETER C, et al. Mind your errors: evidence for a neural mechanism linking growth mindset to adaptive post-error adjustments[J]. Psychological science, 2011, 22（12）: 1484-1489.

[35] MUELLER C M, DWECK C S. Praise for intelligence can undermine children's motivation and performance[J]. Journal of personality and social psychology, 1998, 75（1）: 33-52.

[36] PRESKILL H, BOYLE S. A multidisciplinary model of evaluation capacity building[J]. American journal of evaluation, 2008, 29（4）: 443-459.

[37] RUSS-EFT D, PRESKILL H. Evaluation in organizations: a systematic approach to enhance learning, performance, and change[M]. 2nd ed. New York, NY: Basic Books, 2009.

[38] RYAN R M, DECI E L. Self-determination theory and the facilitation of intrinsic motivation, social development, and well-being[J]. American psychologist, 2000, 55（1）: 68-78.

[39] SCHLEIDER J, WEISZ J. A single-session growth mindset intervention for adolescent anxiety and depression: 9-month outcomes of a randomized trial[J]. Journal of child Psychology & psychiatry & allied Disciplines, 2017, 59（2）: 160-170.

[40] SCHRODER H S, FISHER M E, LIN Y, et al. Neural evidence for enhanced attention to mistakes among school-aged children with a growth mindset[J]. Developmental cognitive neuroscience, 2017（24）: 42-50.

[41] SCRIVEN M. The logic of valuing [J]. New directions for Evaluation, 2012, 133: 17-28.

[42] SISK V F, BURGOYNE A P, SUN J, et al. To what extent and under which circumstances are growth mindsets important to academic achievement? two meta-analyses[J]. Psychological science, 2018, 29（4）: 549-571.

[43] SKIPPER Y, DOUGLAS K. Is no praise good praise? effects of positive feedback on children's and university students'responses to subsequent failures[J]. British journal of educational psychology, 2012, 82（2）: 327-339.

[44] WALTON G M. The new science of wise psychological interventions[J]. Current directions in psychological science, 2014, 23（1）: 73-82.

[45] WALTON G M, WILSON T D. Wise interventions: psychological remedies for social and personal problems[J]. Psychological review, 2018, 125（5）: 617-655.

[46] WALTON G M, YEAGER D S. Seed and soil: psychological affordances in contexts help to explain where wise interventions succeed or fail[J]. Current directions in psychological Science, 2020, 29（3）: 219-226.

[47] WEISS C H. Evaluation: methods for studying programs and policies[M]. 2nd ed.Englewood Cliffs, NJ: Prentice Hall, 1997.

[48] YEAGER D S, DAHL R E, DWECK C S. Why interventions to influence adolescent behavior often fail but could succeed[J]. Perspectives on psychological science, 2018, 13（1）: 101-122.

[49] YEAGER D S, HANSELMAN P, WALTON G M, et al. A national experiment reveals where a growth mindset improves achievement[J]. Nature, 2019, 573: 364-369.

[50] YEAGER D S, ROMERO C, PAUNESKU D, et al. Using design thinking to improve psychological interventions: the case of the growth mindset during the transition to high school[J]. Journal of educational psychology, 2016, 108（3）: 374-391.

[51] YEAGER D S, DWECK C S. What can be learned from growth mindset controversies? [J]. American psychologist, 2020, 75（9）: 1269-1284.